LES PETIT

Collection dirigé

Des jeux pour s'entraîner à raisonner

9-11 ANS

Roger Rougier

Illustrations de Joëlle Dreidemy

RETZ

www.editions-retz.com

1, RUE DU DÉPART

75014 PARIS

Index par notion abordée

Combinaison

Exploration

ISBN : 978-2-7256-2621-5

Déduction

Repérage

Les niches

Colorie les niches et écris le nom des chiens sur chacune en suivant les indications suivantes :

La niche de Sam est bleue, celle de Bill est jaune, tandis que celle de Dick est verte.
Bill n'a pas encore mangé son os.
Une petite fleur pousse près de la niche de Sam.

Maintenant, réponds par « Vrai » ou « Faux ».

a) Bill et Dick n'ont pas mangé leur os. ....

b) Les niches de Sam et de Bill sont voisines. ....

c) Dick a deux voisins. ....

À la pêche

Colorie les poissons d'après les indications.

Un poisson rouge, un bleu, un vert et un jaune nagent tranquillement.
Le rouge, le vert et le jaune suivent la même direction.
Le vert est juste devant le rouge.

Lis ces indications, puis complète les phrases.

Le poisson rouge pèse 6 kg. Le jaune pèse 2 kg de plus que le rouge.
Le vert pèse 3 kg de moins que le jaune.
Le bleu pèse 1 kg de moins que le vert.

Le poisson rouge pèse 6 kg. Le poisson jaune pèse ....

Le poisson bleu pèse .... Le poisson vert pèse ....

Hier matin, Félicien a pêché trois de ces poissons. Lesquels ? Il y a quatre possibilités. Trouve-les et complète le tableau.

1	rouge, jaune, vert	2	
3		4	

En retard

Julien, Paul et Marina sont en retard. Ils savent pourtant que le photographe doit venir ce matin à l'école. On frappe à la porte. Les voilà ! Mais dans quel ordre vont-ils entrer en classe ?

Imagine toutes les possibilités de leur entrée dans la classe et présente tes réponses dans le tableau ci-dessous.
La première ligne du tableau est donnée en exemple. La deuxième ligne a été commencée.
Observe-les bien et complète les autres lignes du tableau.

1	Julien	Paul	Marina
2	Julien	Marina	
3			
4			
5			
6			

Régions

1

Trois régions ont été formées dans ce dessin.
Colorie en rouge la région des ronds,
en bleu celle des triangles
et en jaune celle des étoiles.

2

En traçant deux lignes, forme les régions des ronds, des carrés et des étoiles.
Colorie chaque région différemment.

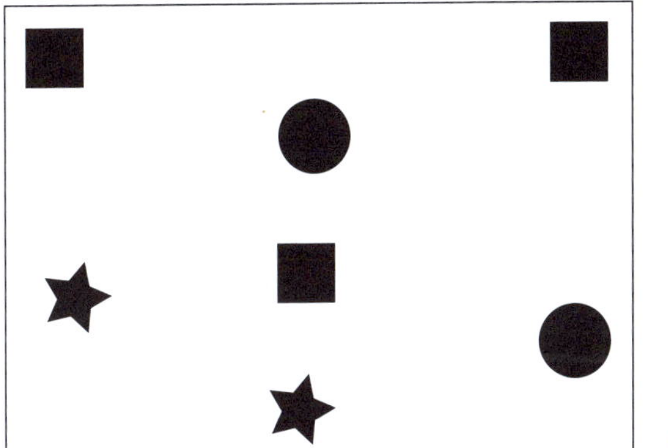

3

De la même façon, trouve et colorie les régions des ronds, des triangles et des étoiles.

Cosmos

Colorie ces planètes en rouge, en jaune, en vert ou en bleu après avoir lu les indications sous chaque dessin.

1

La planète rouge et la planète jaune n'ont pas d'anneau.
Une étoile brille près de la planète bleue
et une autre près de la planète jaune.
La fusée ne se dirige pas vers la planète bleue.

2

La planète rouge et la planète jaune ont un anneau.
Une étoile brille près de la planète rouge
et une autre près de la planète bleue.

Les cubes

Observe bien le dessin et retrouve combien de cubes ont été utilisés pour cette construction.

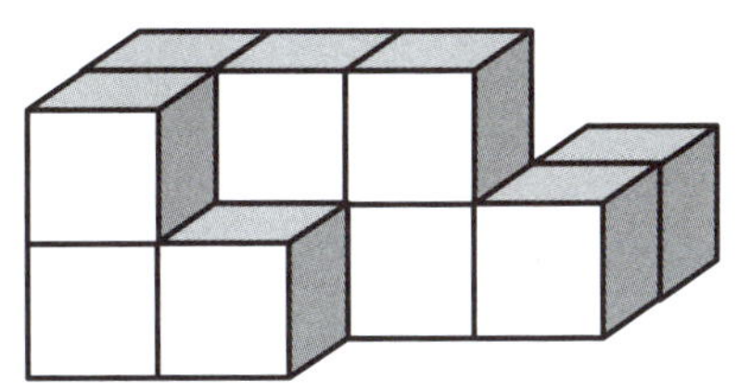

....

2

La construction de l'exercice 1 a été modifiée en y ajoutant deux cubes et en changeant un cube de place. Indique la construction obtenue.

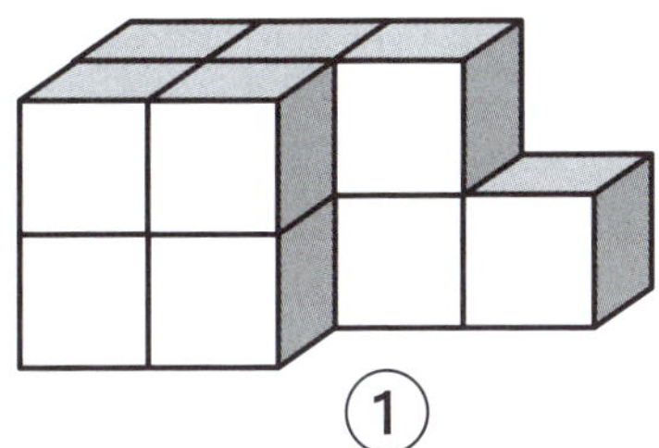

1

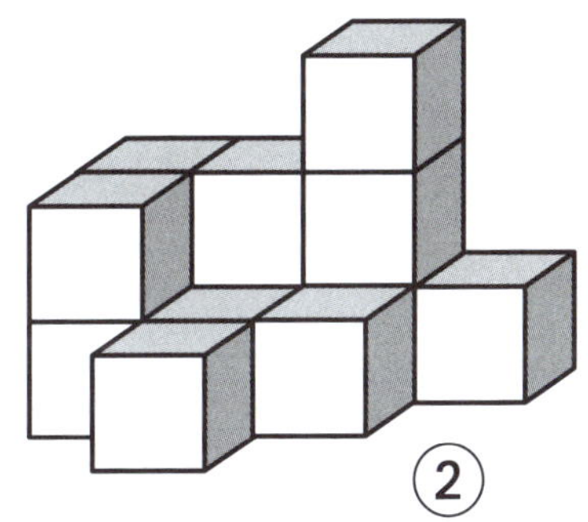

2

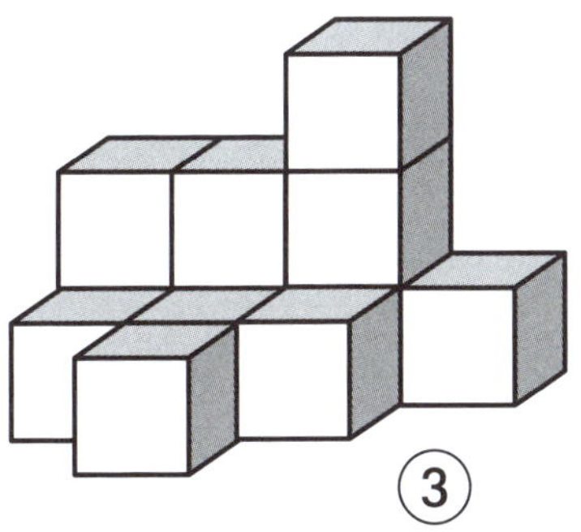

3

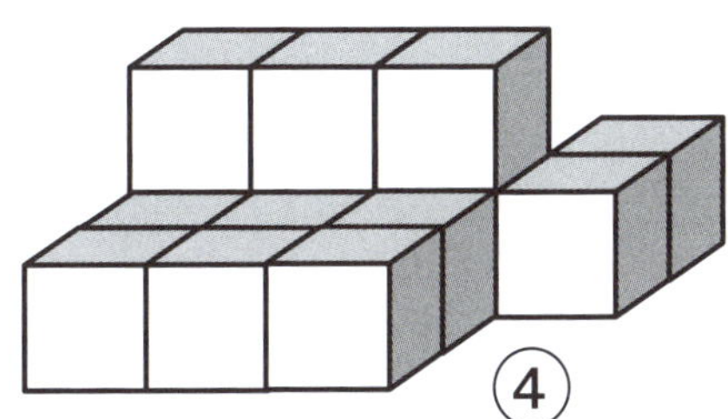

4

C'est la construction n° ....

Château

Numérote les dessins dans l'ordre,
du moins détaillé au plus complet.

Pliage

Sandra a fait un pliage dans une feuille de forme carrée.
Puis, après avoir déplié la feuille, elle a marqué les plis en pointillés.
Observe bien la marque du pli sur la feuille ouverte et indique le numéro du pliage qu'elle a réalisé.

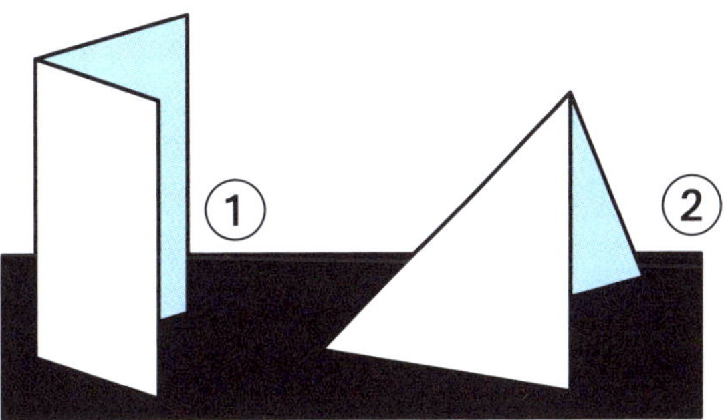

Sandra a plié la feuille comme le montre le n° ....

Paul a lui aussi réalisé un pliage.
Observe bien la marque des plis sur la feuille ouverte et indique le numéro du pliage qu'il a réalisé.

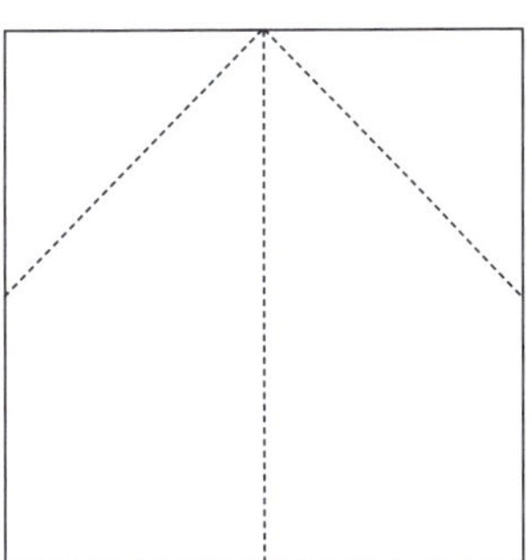

Paul a plié la feuille comme le montre le n° ....

Les diapositives

1

Voici quatre diapositives bien curieuses. La première est entièrement transparente. La deuxième et la troisième sont à moitié noires mais inversées. La dernière est noire.

Complète les rectangles suivants pour faire apparaître les deux séries de diapositives.

2

Dessine ce que l'on voit sur l'écran quand on projette en même temps :

et →

et →

et →

et →

et →

et →

et →

Projection

1

Voici une autre série de diapositives :

Dessine la deuxième série pour qu'elle soit identique à la première.

2

Deux diapositives sont projetées en même temps, une de chaque série.
Que voit-on à l'écran ?
Complète le tableau ci-dessous pour montrer toutes les possibilités de projections et toutes les images qu'on peut voir sur l'écran.

1re série / 2e série				

Blasons

1

Voici un blason :

Colorie l'étoile en jaune et le fond en bleu.
On dit que ce blason est « bleu à l'étoile jaune ».

Pour les blasons, les couleurs ont des noms particuliers : le jaune s'appelle « or », le bleu s'appelle « azur », et le vert se dit « sinople ». Donc, ce blason est « azur à l'étoile d'or ».

2

Colorie le blason ci-contre pour qu'il soit « or à l'étoile d'azur ».

3

Colorie les blasons suivants d'après leur définition.

a) « sinople à l'étoile d'or » 

b) « sinople à l'étoile d'azur » 

c) « azur à l'étoile de sinople » 

Azur, or, sinople...

1

Voici le nom de quatre couleurs utilisées pour les blasons :

jaune s'appelle « or »　　bleu s'appelle « azur »
vert s'appelle « sinople »　　rouge s'appelle « gueules »

Colorie l'étoile en rouge
et le fond du blason en jaune.

Ce blason est « jaune à l'étoile rouge »,
c'est-à-dire « or à l'étoile de gueules ».

2

Complète ce tableau en coloriant les blasons.

Fond ▼ / Étoile ▶	Or	Azur	Sinople	Gueules
Or				
Azur				
Sinople				
Gueules				

Canton

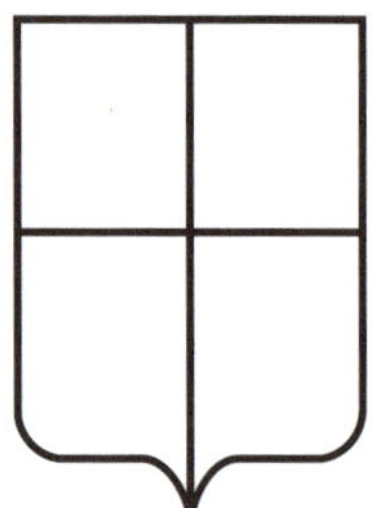

Ce blason est formé de quatre parties.
Chacune d'elles s'appelle un canton.

Colorie les vingt-quatre blasons suivants en utilisant obligatoirement les quatre couleurs sur chacun (jaune ou « or », vert ou « sinople », rouge ou « gueules », bleu ou « azur »).
Mais attention : ils doivent être tous différents !

1 2 3 4 5 6 7
8 9 10 11 12 13 14
15 16 17 18 19 20 21
22 23 24

En forme

1

Voici trois formes différentes mais qui ont toutes les trois été tracées à partir du même carré :

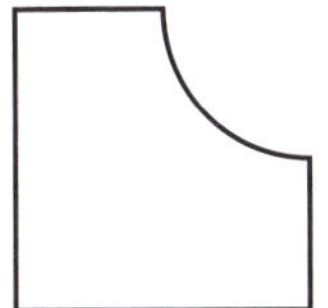

Colorie la première en rouge, la deuxième en vert et la troisième en jaune. Finis en pointillés le carré qui a servi à tracer la forme verte et la forme jaune.

2

Colorie ce que l'on voit en superposant les formes deux par deux, comme l'indiquent les phrases suivantes. Pour cela, aide-toi des tracés en pointillés.

La verte sur la rouge : 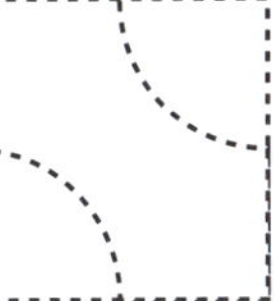

La jaune sur la rouge : 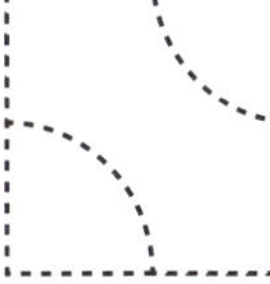

La jaune sur la verte : 

La rouge sur la jaune : 

Tenir la forme

1

Voici quatre formes différentes mais qui ont été tracées à partir du même carré :

 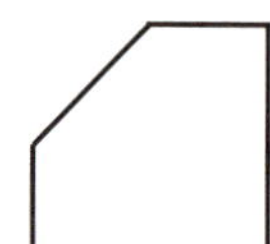  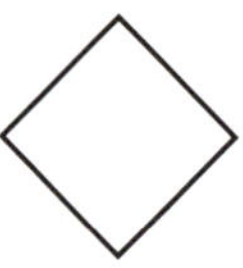

Colorie la première forme en rouge, la deuxième en vert, la troisième en jaune et la dernière en bleu. Finis en pointillés le carré qui a servi à tracer les figures verte, jaune et bleue.

Colorie ce que l'on voit en superposant les formes deux par deux, comme l'indiquent les phrases suivantes. Pour cela, aide-toi des tracés en pointillés.

la verte sur
la rouge :

la bleue sur
la rouge :

la jaune sur
la rouge :

la bleue sur
la verte :

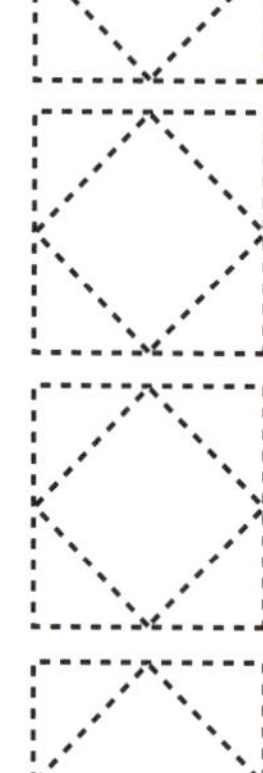

la jaune sur
la verte :

la verte sur
la jaune :

la bleue sur
la jaune :

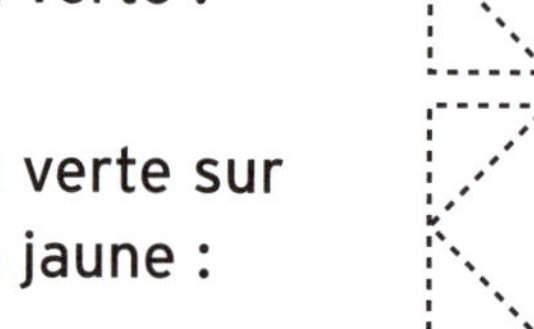

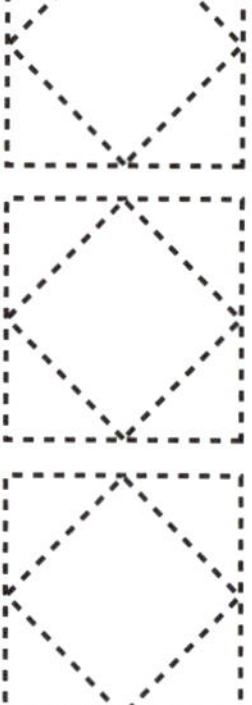

Compose ton blason

Sur cette page, tu vas composer toi-même un blason.
Souviens-toi des couleurs : jaune s'appelle « or »,
vert s'appelle : « sinople »,
rouge s'appelle : « gueules »,
bleu s'appelle : « azur ».

Les blasons sont souvent ornés de figures. Par exemple :

une tour

une étoile

un cœur

une clé

Compose ton blason en te servant du modèle de droite et en respectant les indications suivantes :

Si tu es un garçon, ton blason sera **sinople**.
Si tu es une fille, ton blason sera **azur**.
Si ton prénom commence par une consonne, alors ton blason sera orné d'une **tour**.
Si ton prénom commence par une voyelle, alors ton blason sera orné d'un **cœur**.
Si ton nom commence par une consonne, alors la figure de ton blason sera **or**.
Si ton nom commence par une voyelle, alors la figure de ton blason sera de **gueules**.

Un blason jaune avec une clé bleue s'appelle : « or à la clé d'azur ».
Comment s'appelle le tien ?

....

....

Les hirondelles sont de retour

1

Colorie les oiseaux en respectant les indications suivantes :
Sur les fils sont posés quatre oiseaux jaunes, deux oiseaux bleus, un seul oiseau vert et un seul oiseau rouge.
Les oiseaux posés sur le premier fil (en bas) ont tous la même couleur.
L'oiseau à droite du poteau a la même couleur que ceux du troisième fil.
L'oiseau vert est plus près du poteau qu'un des oiseaux jaunes.

2

Maintenant, complète la phrase par « plus » ou « moins » :

Si quatre oiseaux bleus arrivaient et si deux oiseaux jaunes partaient, il y aurait .... d'oiseaux bleus que d'oiseaux jaunes.

Superposition

1

Maxime joue avec deux cubes, un rouge et un vert.
Il s'aperçoit qu'il peut les superposer de deux manières différentes : le rouge sur le vert, le vert sur le rouge.

Colorie ces cubes des deux manières.

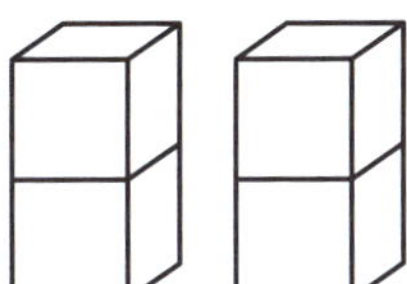

2

Il prend un cube jaune et joue maintenant à superposer les trois cubes entre eux. Il a trouvé six manières de les superposer.

Colorie-les.

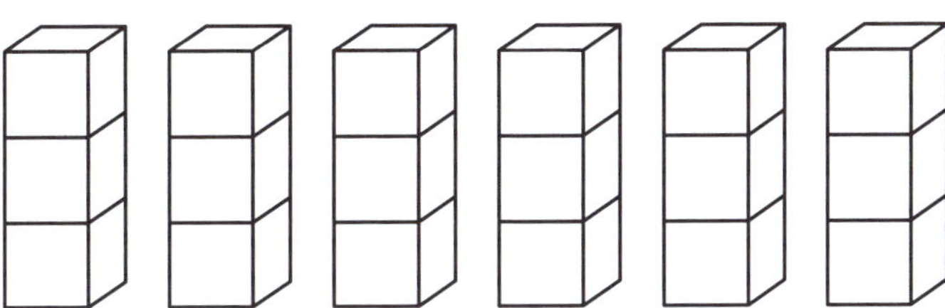

3

Réfléchis bien et complète les phrases par le nombre qui convient.

Entre eux, deux cubes peuvent prendre .... positions différentes. Un troisième cube peut prendre .... positions par rapport aux deux autres. Donc trois cubes peuvent se superposer de .... façons différentes entre eux.

Au parfum

Le marchand de glaces propose quatre parfums différents : vanille, chocolat, citron, fraise.
Je peux donc me faire servir quatre glaces à trois boules différentes.

Dans le tableau suivant, écris les quatre possibilités de glaces à trois boules que peut servir le marchand. Une première possibilité est déjà donnée.

①	vanille, citron, chocolat
②	
③	
④	

2

En ne choisissant que deux parfums sur les quatre proposés, je pouvais me faire servir six mélanges différents. Lesquels ?
Pour répondre, complète le tableau suivant :

①	④
②	⑤
③	⑥

Vanille - Citron

Trouve tous les mélanges possibles de glaces à trois boules différentes si tu as le choix entre cinq parfums. Pour cela, mets les boules en couleur : citron en jaune, vanille en blanc, chocolat en marron, fraise en rose, pistache en vert.

Cadeau

Pour emballer un cadeau, Stéphanie a à sa disposition :

- du papier bleu,
- du papier jaune,
- un ruban rouge,
- un ruban bleu,
- un autocollant vert,
- un autocollant jaune.

Liste les huit possibilités d'emballage du cadeau en complétant le tableau :

papier bleu	ruban rouge	autocollant vert
papier bleu	ruban rouge	
papier bleu		

À l'aide du tableau, colorie ces cadeaux en utilisant trois couleurs différentes à chaque fois :

Bravo !

1

Cherche le prénom de chaque enfant grâce aux indications suivantes et écris chacun d'eux dans l'étiquette correspondante.

Nacim se trouve entre Annie et Julie.

Julie se trouve entre Nacim et Marc.

2

Maintenant, réponds à ces questions.

a) Qui est à la droite de Marc ? ....

b) Qui est à la gauche d'Annie ? ....

c) Qui est à la droite de Julie ? ....

d) Qui est à la gauche de Julie ? ....

e) Qui est à la gauche de Marc ? ....

Échafaudage

1

Voici un montage de cubes vu de dessus :

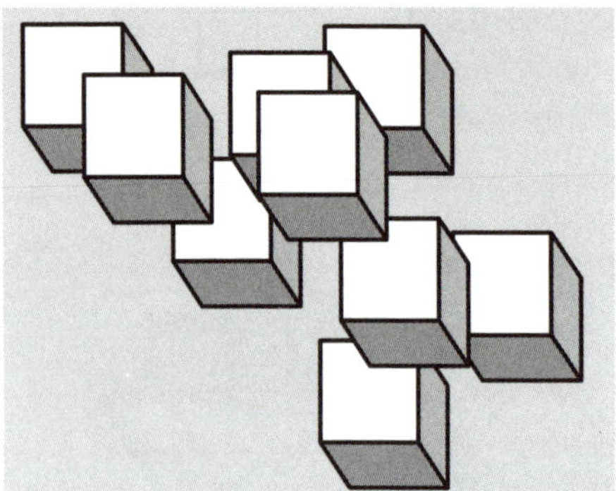

Combien de cubes ont été utilisés ? ....

Combien de cubes sont au premier niveau, donc touchent la table ? ....

Colorie-les en rouge. Puis colorie en bleu les cubes posés sur les rouges, et enfin en jaune ceux posés sur les bleus.

2

Voici un autre montage de cubes vu du dessus :

Combien de cubes ont été utilisés ? ....

Colorie en rouge les cubes posés en premier.
Puis colorie en bleu ceux posés sur les rouges, et en jaune ceux posés sur les bleus.

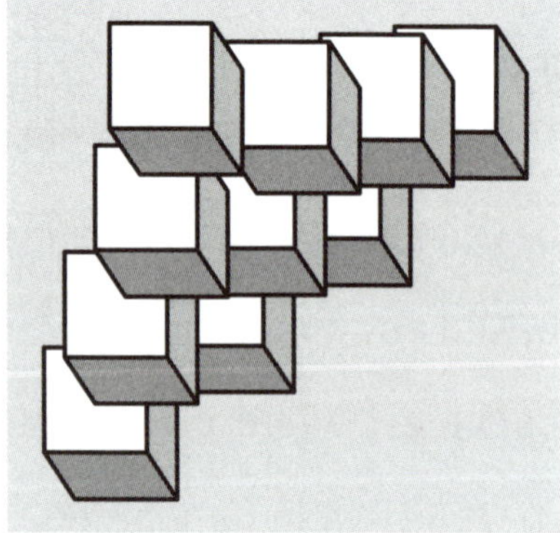

As-tu colorié tous les cubes ? ....

Combien d'étages a donc cette construction de cubes ? ....

On fait le mur

1

Combien comptes-tu de cubes ? ....

Et combien d'étages ? ....

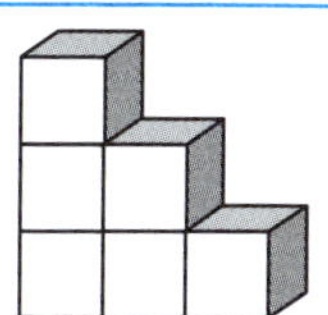

2

Combien comptes-tu de cubes ? ....

Combien comptes-tu d'étages ? ....

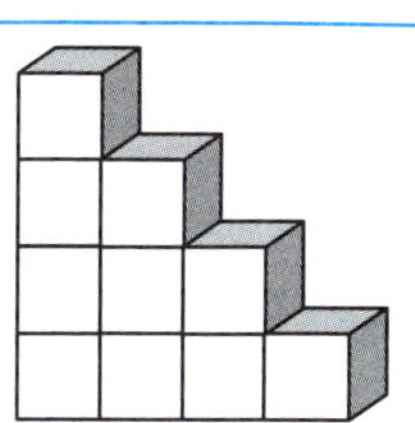

3

Complète ces phrases :

Pour faire le mur de trois étages, il a fallu .... cubes ; pour faire le mur de quatre étages, il a fallu .... cubes ; Il faut donc ajouter .... cubes au mur de trois étages pour faire le mur de quatre étages.

4

Il y a maintenant cinq étages au mur.

Combien comptes-tu de cubes ? ....

Combien de cubes ont été ajoutés au mur de quatre étages pour faire celui-ci ? ....

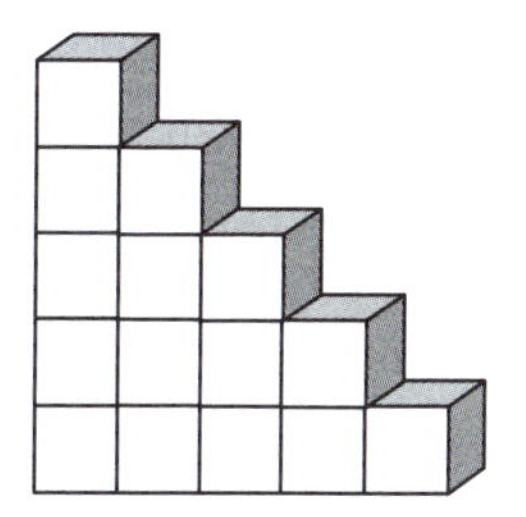

5

Combien faut-il de cubes pour faire un mur de six étages ? ....

De sept étages ? ....

Ça monte !

1

Combien comptes-tu d'étages ? ....

Combien comptes-tu de cubes ? ....

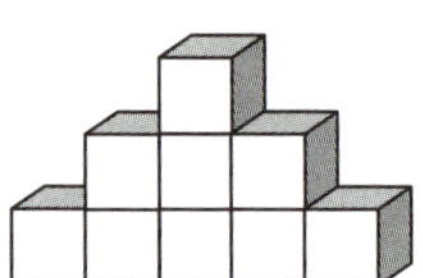

2

Combien d'étages comptes-tu maintenant ? ....

Et combien de cubes ? ....

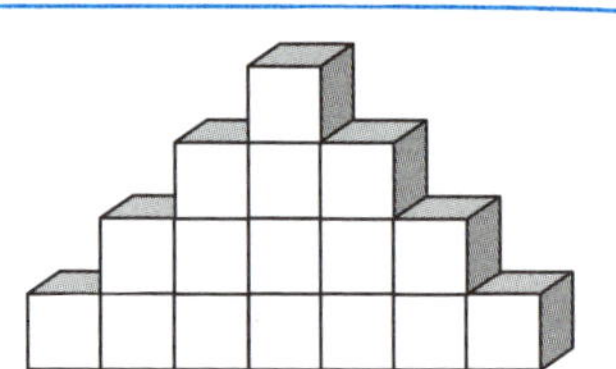

3

Complète ces phrases après avoir bien observé les montages.

Pour faire le mur de trois étages, il a fallu .... cubes. Pour faire le mur de quatre étages, il a fallu .... cubes. Il a fallu ajouter .... cubes au mur de trois étages pour obtenir le mur de quatre étages.

4

Le mur a maintenant cinq étages :

Combien comptes-tu de cubes ? ....
Combien de cubes ont été ajoutés au mur de quatre étages pour obtenir celui-ci ? ....

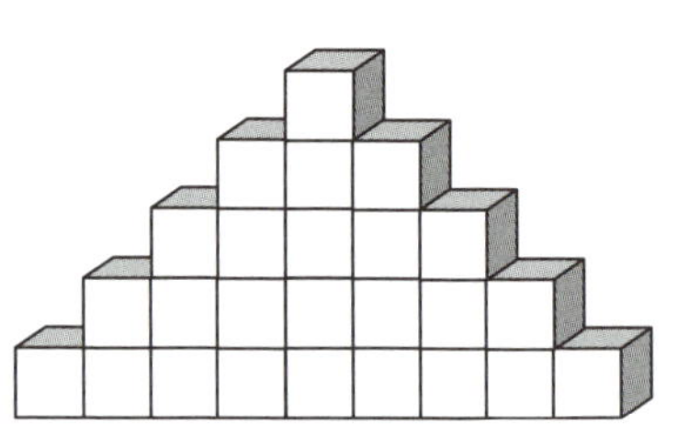

5

Combien faut-il de cubes pour faire un mur de six étages ? ....

Et de sept étages ? ....

Toujours plus haut

1

Voici un mur de cubes :

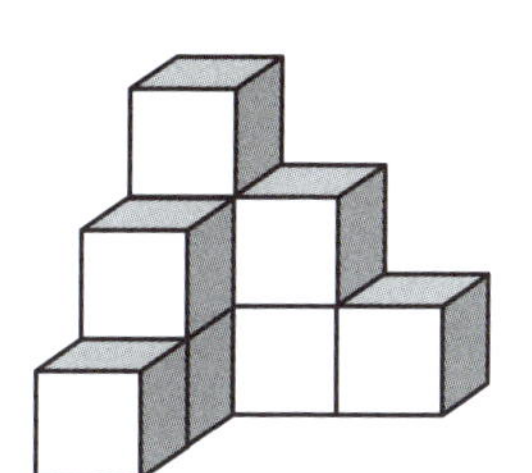

Compte le nombre de cubes utilisés. ....

Combien comptes-tu d'étages ? ....

Combien de cubes sont invisibles ? ....

2

Ce mur a un étage de plus :

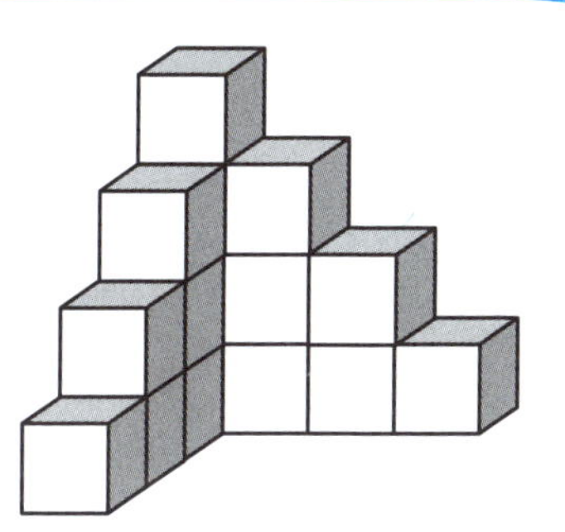

Compte le nombre de cubes utilisés. ....

Combien vois-tu d'étages ? ....

Combien de cubes sont invisibles ? ....

3

Le mur a maintenant cinq étages :

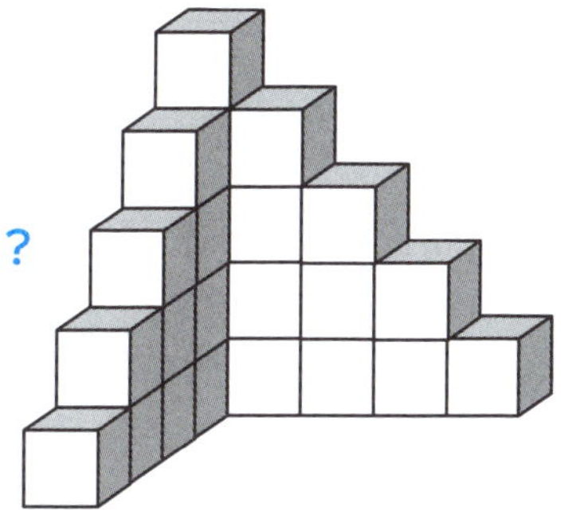

Combien a-t-il fallu de cubes pour le construire ?
....

Combien de cubes sont invisibles ? ....

Construction

Observe bien la construction de cette pyramide de cubes :

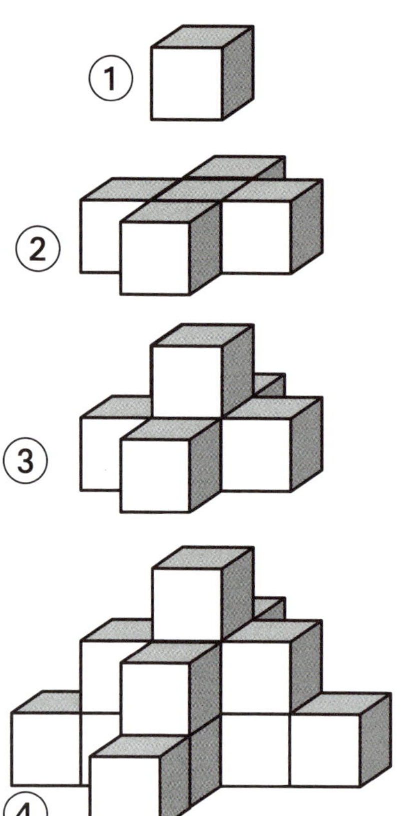

1

Quel dessin correspond à la pyramide n° 4 vue de dessus ?

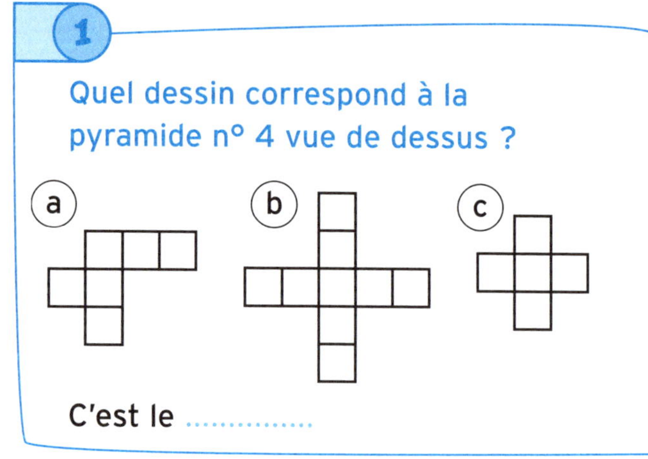

C'est le ....

2

Complète le tableau suivant :

pyramide	nombre de cubes
1	
2	
3	
4	

3

Sur les pyramides n°s 3 et 4, colorie en rouge le cube le plus haut placé, en vert les cubes de l'étage juste au-dessous, et en jaune les cubes sous les verts, quand il y en a.

4

Combien d'étages comptes-tu sur la pyramide n° 4 ? ....

Combien de cubes faudrait-il pour faire une pyramide semblable de quatre étages ?

....

Et de cinq étages ? ....

Oh ! le beau papillon

1

Colorie les trois gros papillons en bleu et les deux petits en rouge.

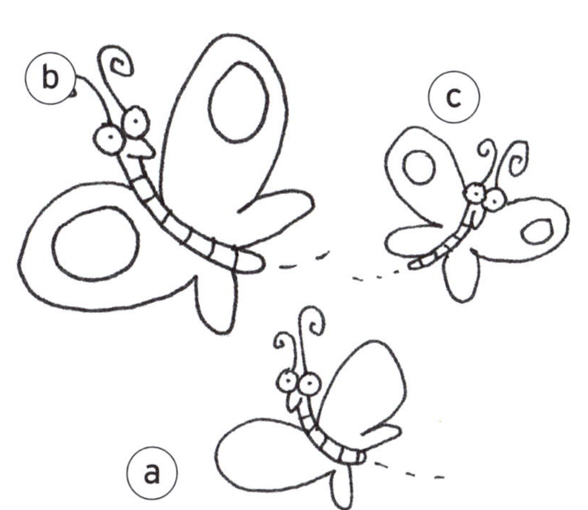

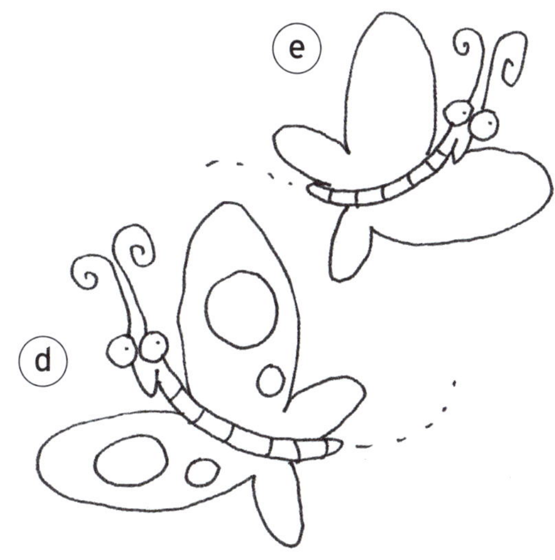

2

Réponds aux questions suivantes :

- Max veut observer les papillons rouges.
Lesquels doit-il attraper ? ....

- Paul veut observer les papillons qui ont deux points.
Lesquels doit-il attraper ? ....

- Nina veut observer les papillons rouges et qui ont deux points.
Lesquels doit-elle attraper ? ....

- Julien veut attraper les papillons rouges ou bien ceux qui ont deux points.
Lesquels peut-il prendre ?
....

- Emma voudrait observer le papillon qui n'est pas rouge et qui n'a aucun point.
Lequel doit-elle choisir ? ....

Observe ce dessin, puis :

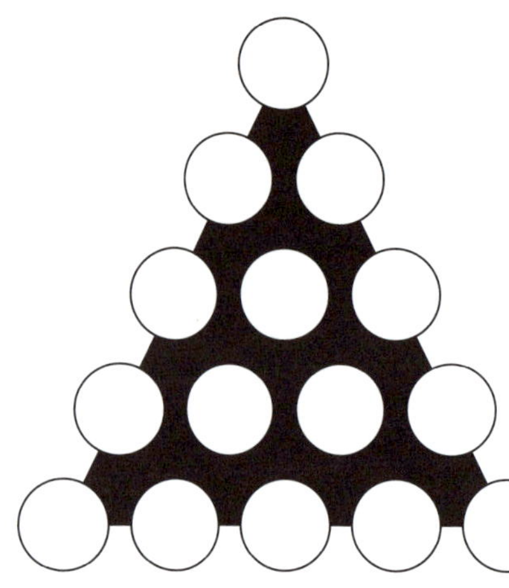

Compte les pions ; il y en a ....

Colorie-les en rouge et en jaune pour qu'il y ait quatre fois plus de pions rouges que de pions jaunes.

Combien as-tu colorié de pions :

- en rouge ? ....
- en jaune ? ....

2

Cette fois, colorie les pions en jaune et en vert pour qu'il y ait deux pions verts de plus que de pions jaunes.

Combien as-tu fait de pions verts ? ....

Et de jaunes ? ....

Carré de pions

A

B

C

D
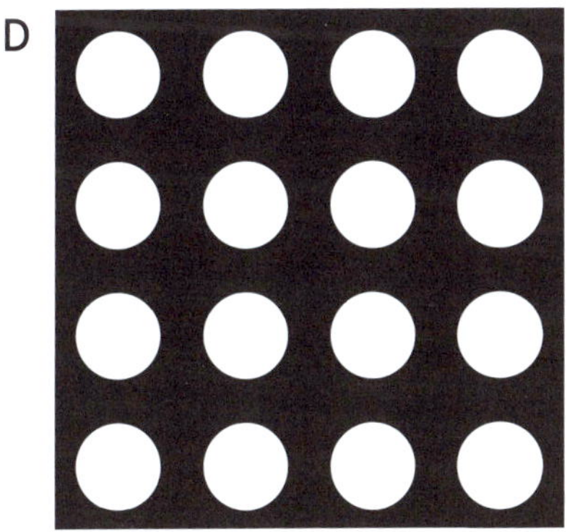

1

Compte combien de pions contiennent :

Le carré A : .... Le carré B : ....

2

Observe le carré C et compte combien il y a de rangées de pions. ....
Colorie la première rangée en rouge, la deuxième en vert, et la dernière en jaune.

3

Le carré D est couvert de quatre rangées de pions alignés.
Colorie en rouge la première rangée, en vert la deuxième, en jaune la troisième, et en bleu la dernière.
Combien as-tu colorié de pions :

en rouge ? .... en jaune ? ....

en vert ? .... en bleu ? ....

Combien y a-t-il de pions en tout ? ....

4

Combien de pions doit-on prévoir pour couvrir un carré de cinq rangées ? .... Et pour un carré de six rangées ? ....

Toujours plus

1

Observe ce dessin, puis :

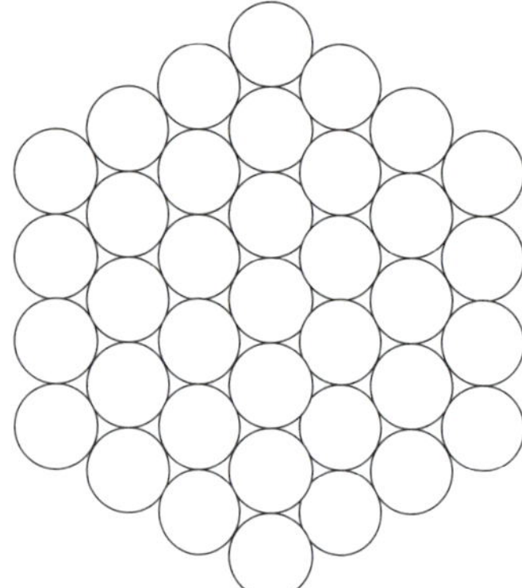

- colorie en rouge le pion au centre ;
- colorie en jaune les pions qui touchent le pion rouge ;
- colorie en bleu les pions autour des pions jaunes ;
- colorie en vert les pions autour des pions bleus.

Compte combien tu as colorié de pions en jaune. ....

Combien as-tu colorié de pions en bleu ? ....

Combien as-tu colorié de pions en vert ? ....

Combien aurait-il fallu de pions supplémentaires pour ajouter une rangée de pions autour des pions verts ? ....

2

Observe le dessin suivant, puis :

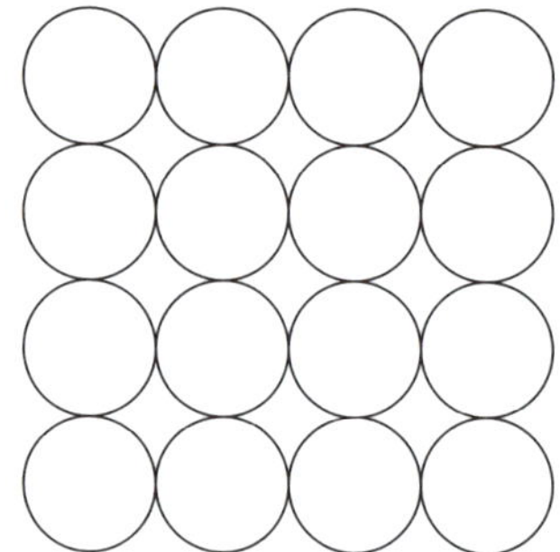

Compte combien il y a de pions en tout. ....

Combien faut-il de pions supplémentaires pour réaliser un carré avec une rangée de plus ? ....

Bonjour !

Tous les matins, en arrivant à l'école, Luc serre la main d'Éric.

Puis, quand arrive Nadine, elle serre la main de Luc puis d'Éric.

Observe ces schémas qui montrent le nombre de poignées de mains échangées quand deux puis trois personnes se rencontrent :

deux personnes
une poignée de mains

trois personnes
trois poignées de mains

En traçant des schémas, trouve à ton tour combien de poignées de mains sont échangées quand :

quatre personnes se rencontrent

cinq personnes se rencontrent

Complète : Quatre personnes échangent .... poignées de mains.

Cinq personnes échangent .... poignées de mains.

Des cubes en plus

Dans chaque cadre, indique le nombre de cubes qu'il faut ajouter pour passer de la construction de gauche à celle de droite.

1

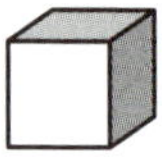

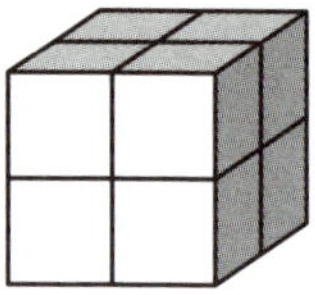

Il faut ajouter .... cubes.

2

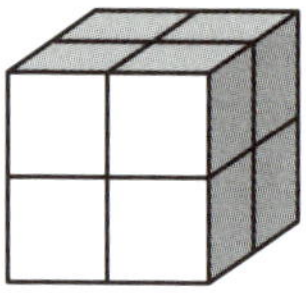

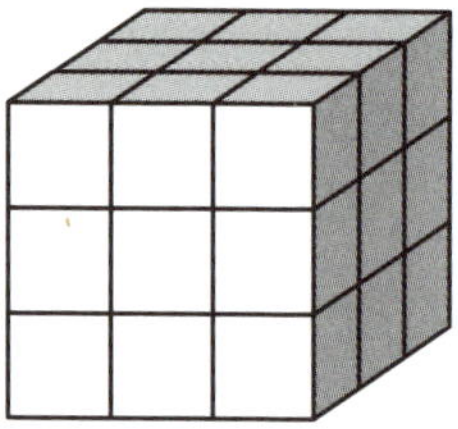

Il faut ajouter .... cubes.

3

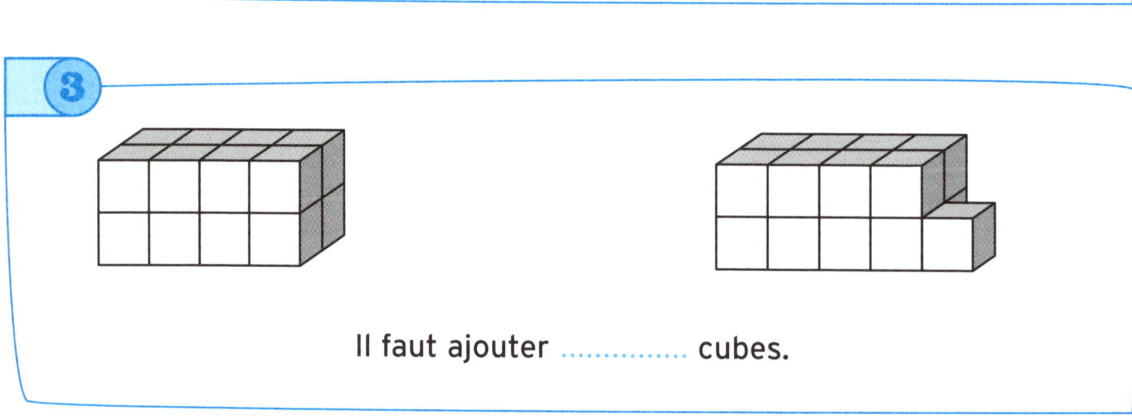

Il faut ajouter .... cubes.

Des cubes en moins

Pour chaque montage, indique combien il faut enlever de cubes pour passer de la première construction à la deuxième. Réfléchis bien avant de répondre !

1

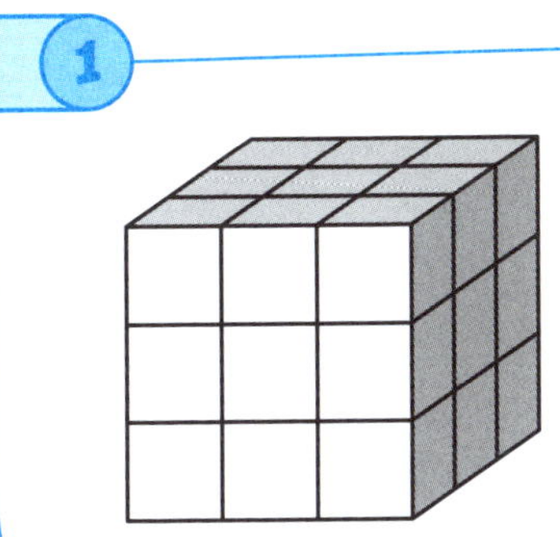

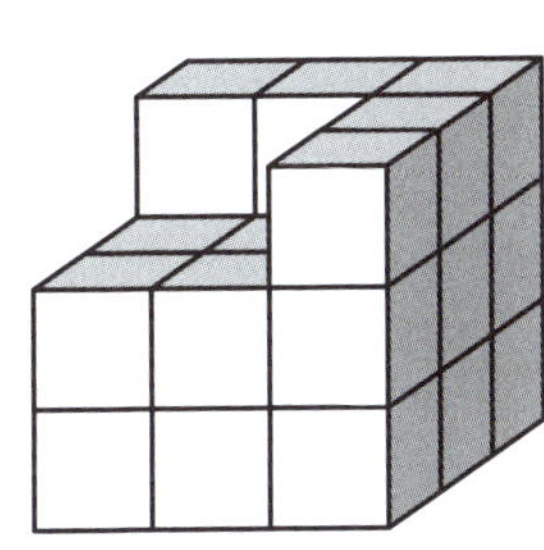

.... cubes ont été enlevés.

2

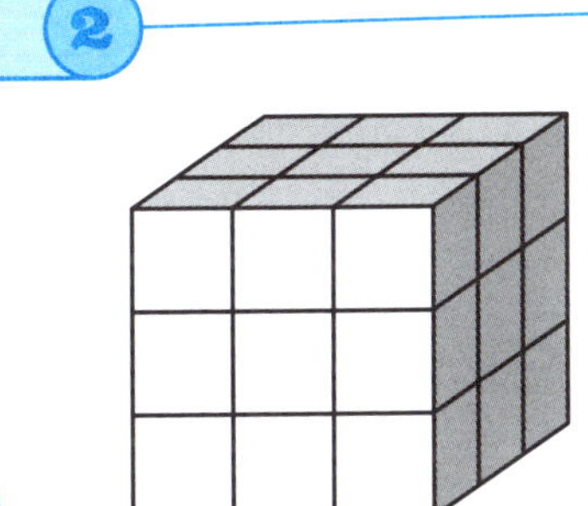

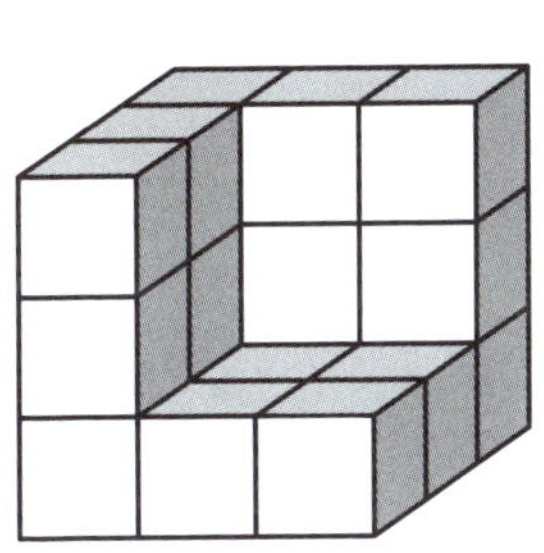

.... cubes ont été enlevés.

3

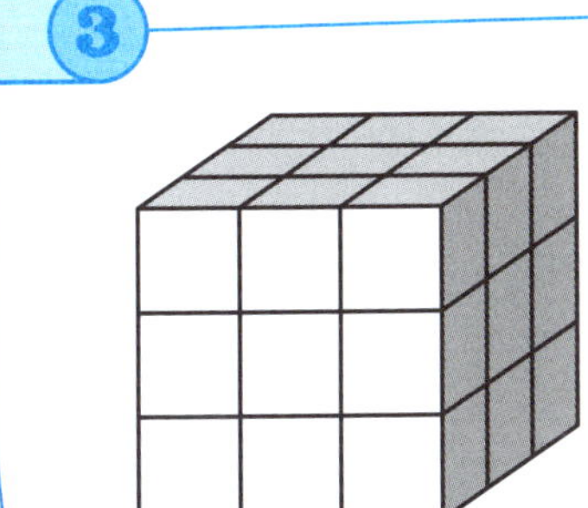

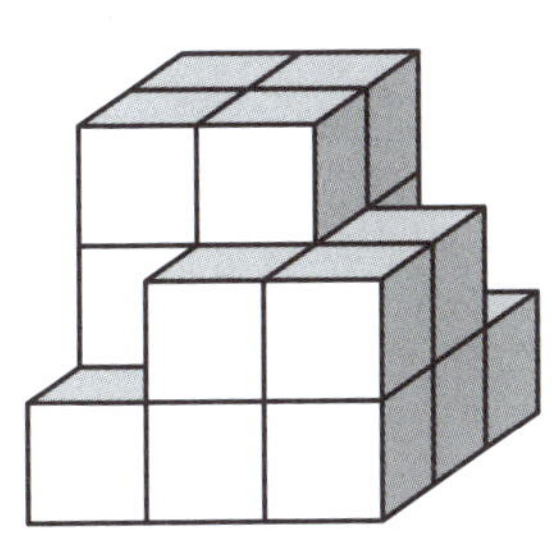

.... cubes ont été enlevés.

La boîte de Marco

Marco a entrouvert pour nous sa boîte de billes toutes neuves.
On ne les voit pas toutes mais on peut en trouver le nombre.

1

Observe bien le dessin de la boîte de billes et complète ce que dit Marco.

Dans ma boîte,

il y a .... billes.

2

Dans cette boîte, vingt-cinq billes sont vertes, douze billes sont jaunes, les autres sont bleues.
Complète les phrases :

Donc, dans la boîte se trouvent .... billes bleues.

Si Marco en donne quatre vertes, six jaunes et cinq bleues,

il lui restera .... billes.

Cache-cache

Trouve le nombre de pions placés dans chaque rectangle.

N'oublie pas de compter ceux qui sont cachés par les figures !

a)

Il y a .... pions.

b)

Il y a .... pions.

c)

Il y a .... pions.

Les taches

1

Combien de pions sont rangés dans ce cadre ?

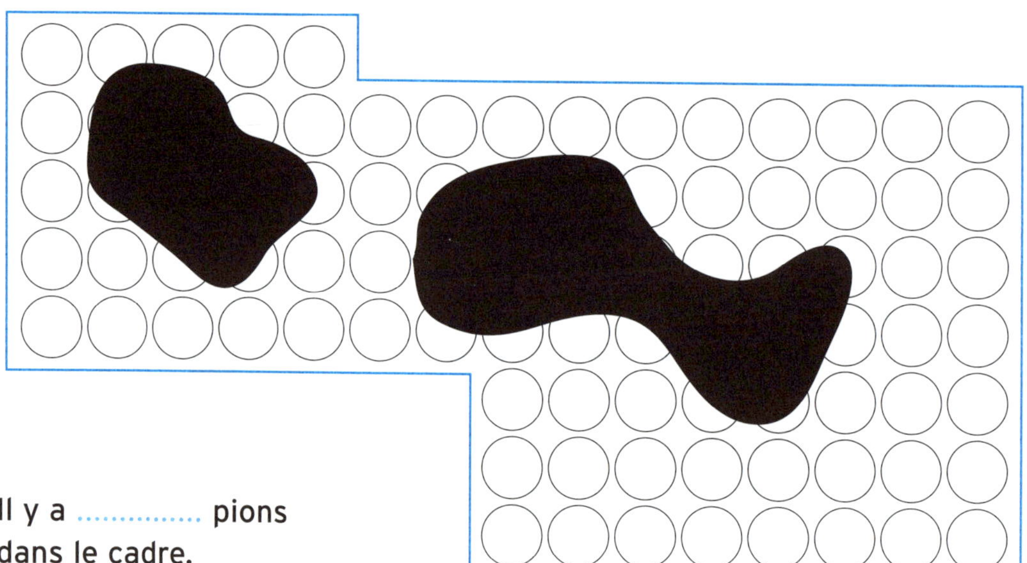

Il y a .... pions
dans le cadre.

2

Voici un cube décoré de points noirs :

Compte combien de points tu vois sur une face du cube. ....

Alors combien de points couvrent entièrement le cube ? ....

Volumes

Observe bien les deux volumes ci-dessous et indique combien de points noirs couvrent entièrement chacun d'eux.

Ce volume, le cube, est recouvert par .... points noirs.

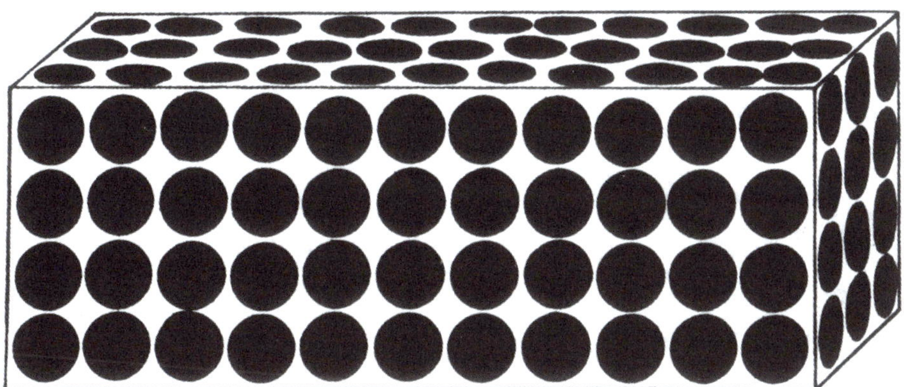

Ce volume, le parallélépipède, est couvert de .... points.

Tout plein

Observe bien la forme tracée ci-dessous. On a commencé à la remplir de pions noirs. Il faut la couvrir entièrement.

Combien de pions faut-il encore tracer ? ....

Quand ce travail sera fini, on pourra compter .... pions.

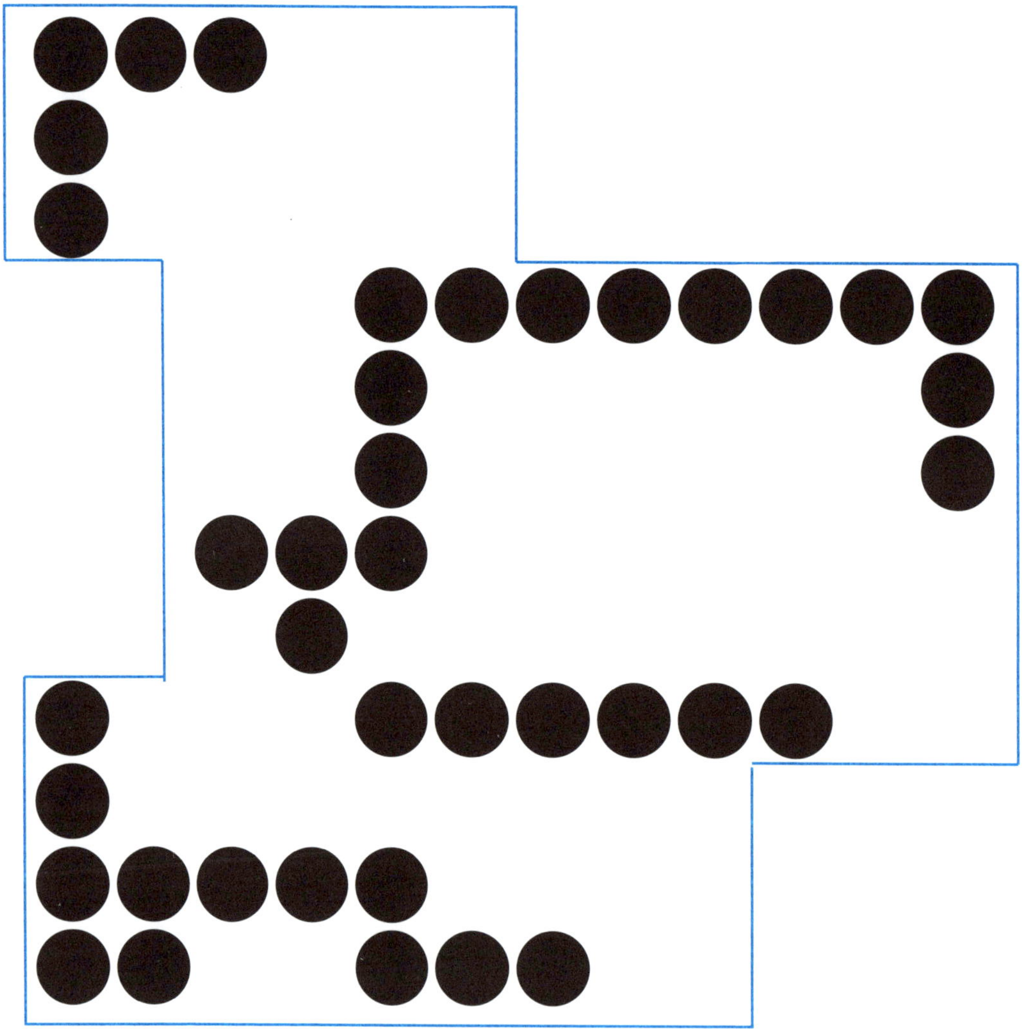

Je vise bien

Pour chaque groupe de pions, colorie en rouge ceux qui sont visés par deux flèches au moins.

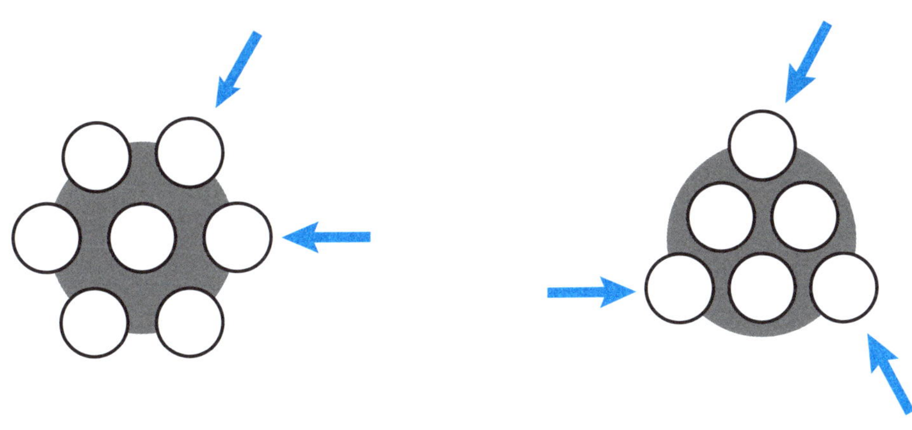

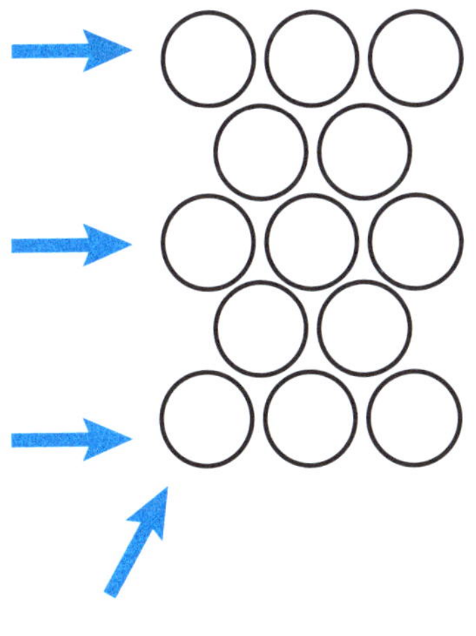

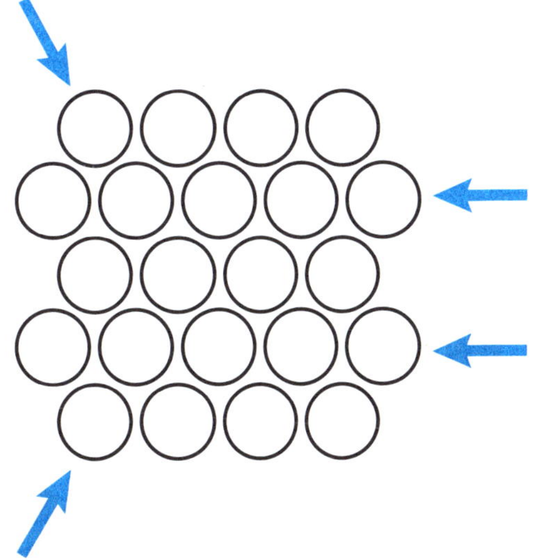

Raté !

Pour chaque groupe de pions, colorie en vert celui qui n'est visé par aucune flèche.

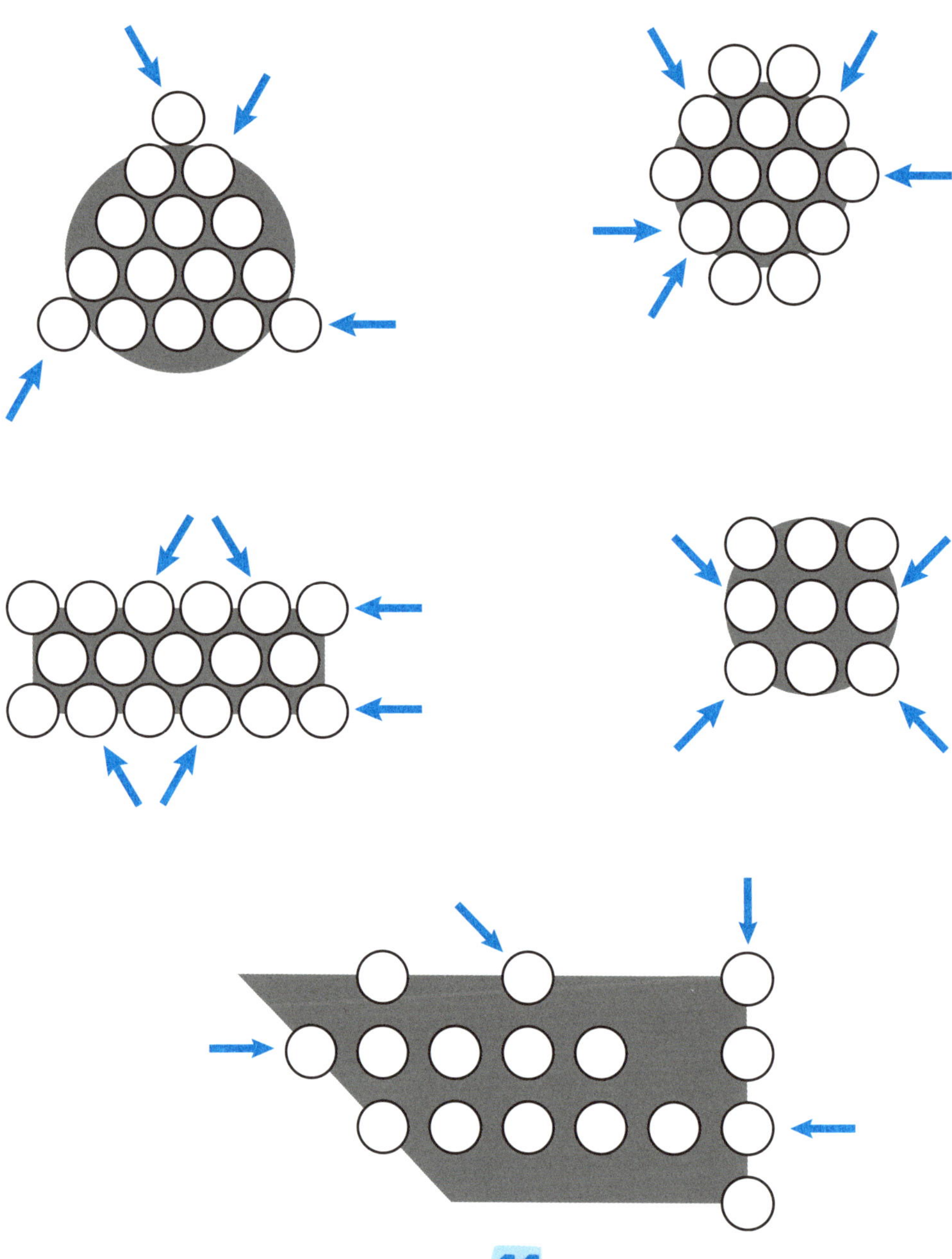

Tu vises bien

Cette fois, pour chaque groupe de pions, colorie en rouge ceux visés par deux flèches seulement et en vert celui qui est visé par trois flèches.

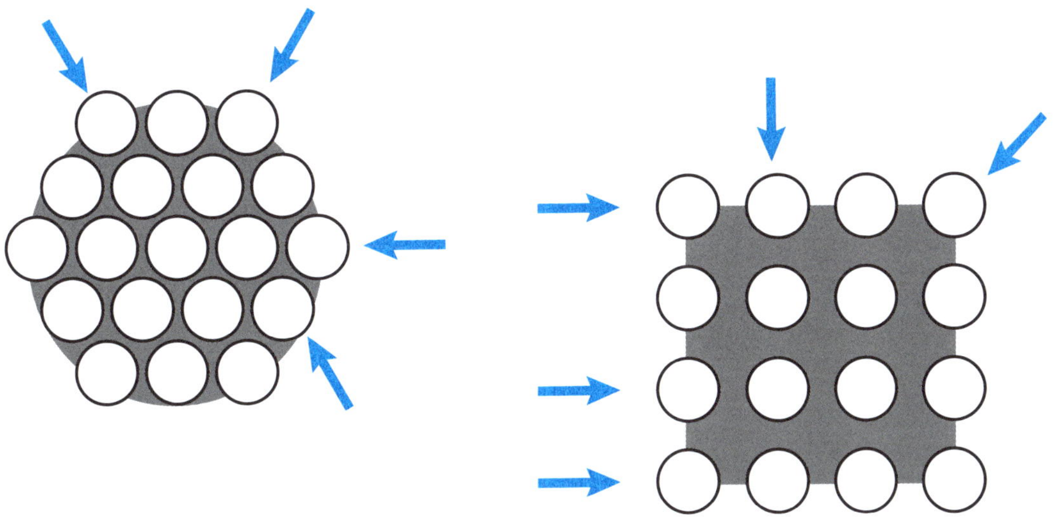

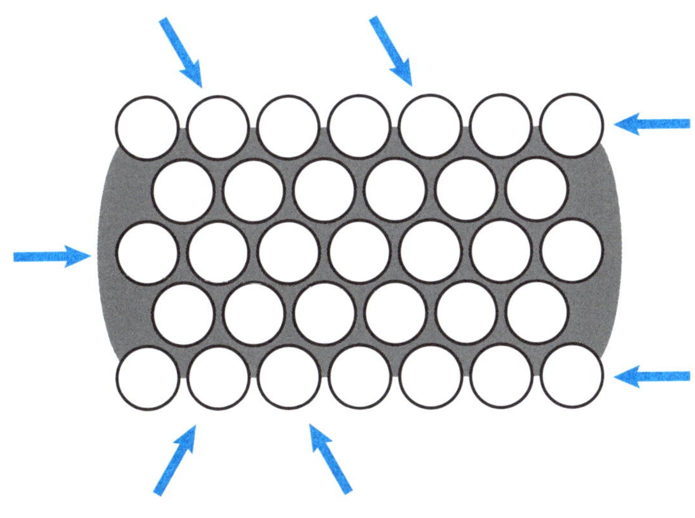

Il court, il court

Julie, Léa, Manon et Sarah s'entraînent pour le cross de fin d'année car elles espèrent faire gagner leur classe.

Grâce aux indications, écris dans les étiquettes correspondantes les prénoms des filles.

Julie n'a pas les cheveux noirs.
Elle court entre ses amies Léa et Manon.
Léa n'a pas un short blanc.

Julie	Julie	Julie	Julie
Léa	Léa	Léa	Léa
Manon	Manon	Manon	Manon
Sarah	Sarah	Sarah	Sarah

Barre au fur et à mesure, sous chaque fille, les prénoms qui ne conviennent pas. Réfléchis bien avant de barrer des prénoms !

Promenade

Élodie a découpé une bande de papier.
Elle y a fait quelques plis et la bande s'est légèrement enroulée sur elle-même.

Cette bande de papier a un côté vert, l'autre blanc.
La coccinelle se promène sur le côté vert.
Colorie-le sans oublier aucun morceau.

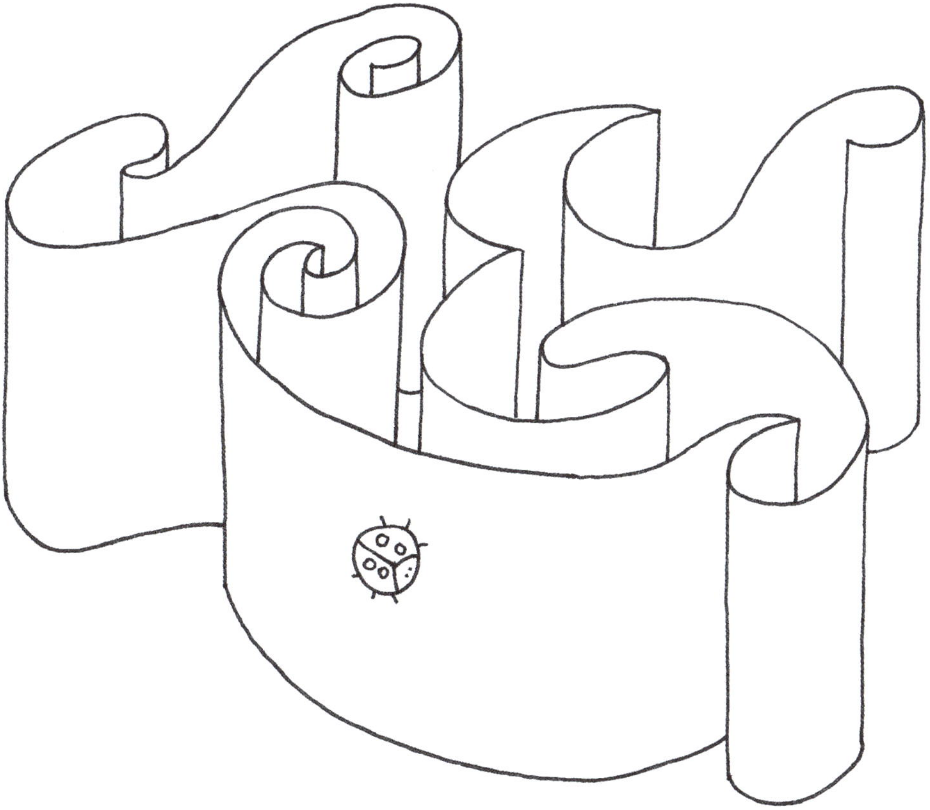

Qui va là ?

1

Observe attentivement les cinq personnes circulant sur le trottoir et indique leur prénom grâce aux indications sous le dessin.

Alain et Luc portent une valise.
Basile, Luc et Paul marchent dans la même direction.
Paul a un chapeau. N'oublie pas Henri.

2

Réponds maintenant par « Vrai » ou « Faux » aux phrases suivantes :

a) Paul a déjà croisé Alain. ....

b) Henri a déjà croisé Basile. ....

c) Basile a déjà croisé Luc. ....

d) Si Basile faisait demi-tour, il pourrait croiser Luc. ....

e) Si Basile faisait demi-tour, il pourrait croiser Paul. ....

f) Si Henri faisait demi-tour, il croiserait Alain. ....

La bonne place

Trouve la place du cinquième pion dans chaque grille.

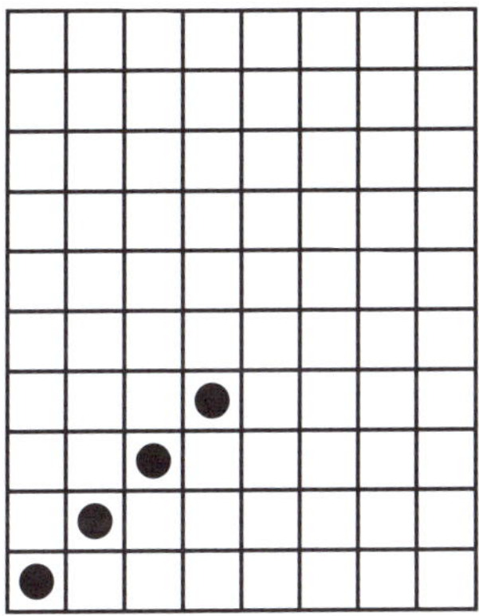

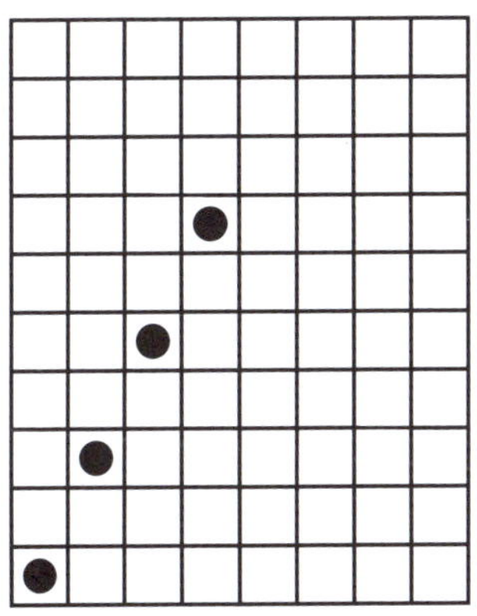

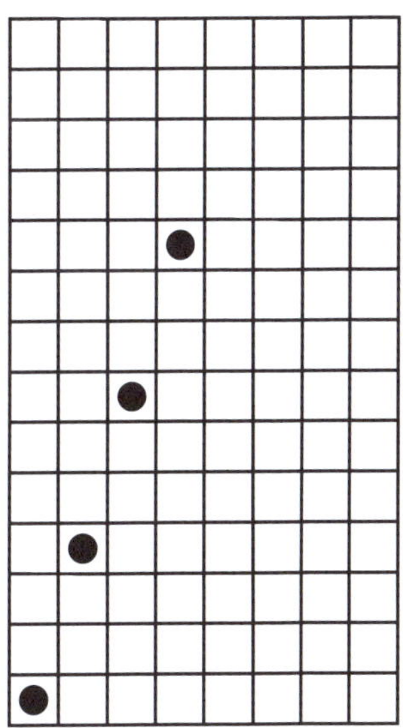

Ici ou là ?

Dessine le cinquième pion à l'endroit qui te semble convenir.

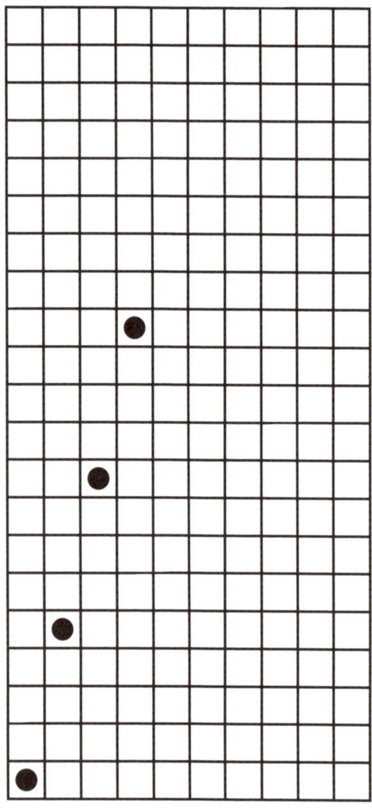

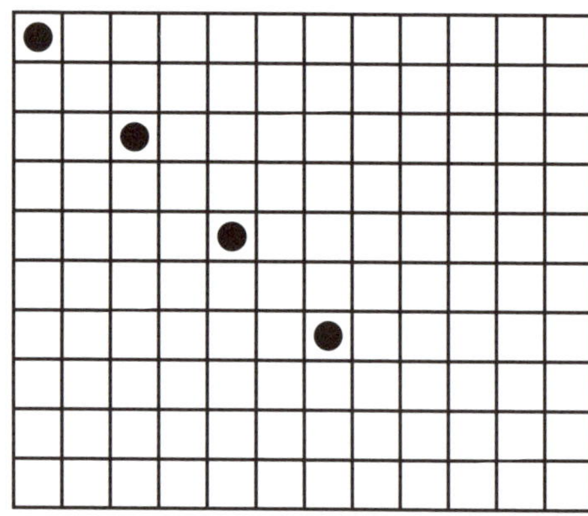

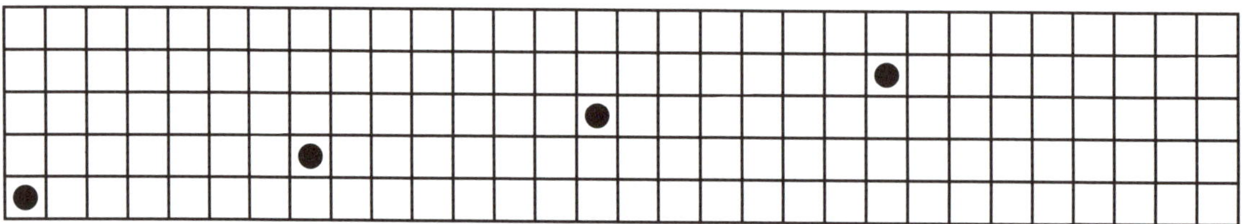

Sur le pont...

1

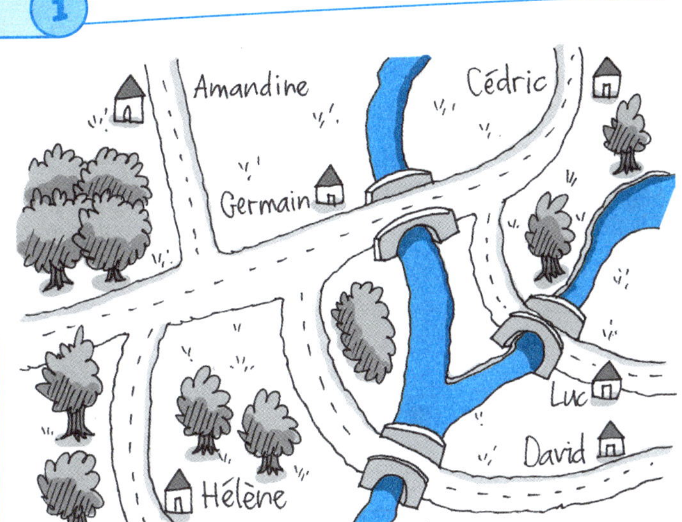

Sur cette carte,
les rivières sont en bleu,
les routes sont en blanc
et les ponts sont en gris.

Complète les phrases suivantes en écrivant ce qui a été oublié :
soit un nombre,
soit un prénom.

Quand Germain rend visite à Cédric, il franchit un pont.

Quand Luc rend visite à Germain, il franchit .... ponts.

Quand Hélène va chez .... ou chez ...., elle franchit un pont.

Quand Amandine se rend chez Hélène, elle franchit .... pont.

Complète le tableau en écrivant dans les cases le nombre de ponts que doivent franchir les personnes concernées quand elles se rendent visite.

	Amandine	Germain	Cédric	Hélène	David	Luc
Amandine		0	1			
Germain						
Cédric						
Hélène						
David						
Luc						

Flap la grenouille

Flap la grenouille saute de pierre en pierre pour traverser la rivière. Elle peut faire des petits sauts ou des grands sauts.

    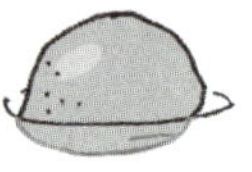

Voici un code : 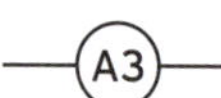 —(A3)— Flap a fait un bond de trois pierres vers l'avant.

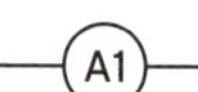 —(A1)— Flap a fait un bond d'une pierre vers l'avant.

1

Combien Flap saute-t-elle de pierres en tout d'après les codages suivants ?

—(A5)—(A4)—(A6)— Flap saute .... pierres.

 —(A7)—(A7)—(A1)— Flap saute .... pierres.

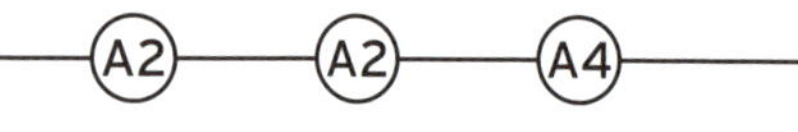 —(A2)—(A2)—(A4)— Flap saute .... pierres.

 —(A4)—(A6)—(A5)— Flap saute .... pierres.

Que remarques-tu entre le premier et le dernier codage ?

....

2

Si Flap saute ainsi : —(A6)—(A4)—

Combien de pierres saute-t-elle en tout ? ....

Elle aurait donc aussi pu faire un saut —(A10)—

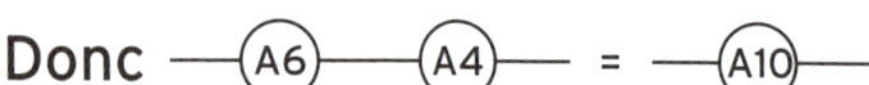

Donc —(A6)—(A4)— = —(A10)—

Quel saut unique remplace les sauts suivants :

—(A3)—(A7)—(A6)—(A6)— = —( )—

Plouf !

Flap la grenouille saute encore de pierre en pierre pour traverser la rivière et rejoindre son amie Flip. Elle peut faire des grands ou des petits sauts. Elle peut aussi revenir en arrière.

Le schéma ci-dessous montre Flap sur une rive, les pierres en travers de la rivière, et Flip sur l'autre rive :

Voici un code : (+ 4) veut dire que Flap fait un bond de quatre pierres vers son amie.
(- 2) veut dire que Flap fait un bond de deux pierres en arrière.

Cherche sur quelle pierre se trouve Flap après avoir sauté :

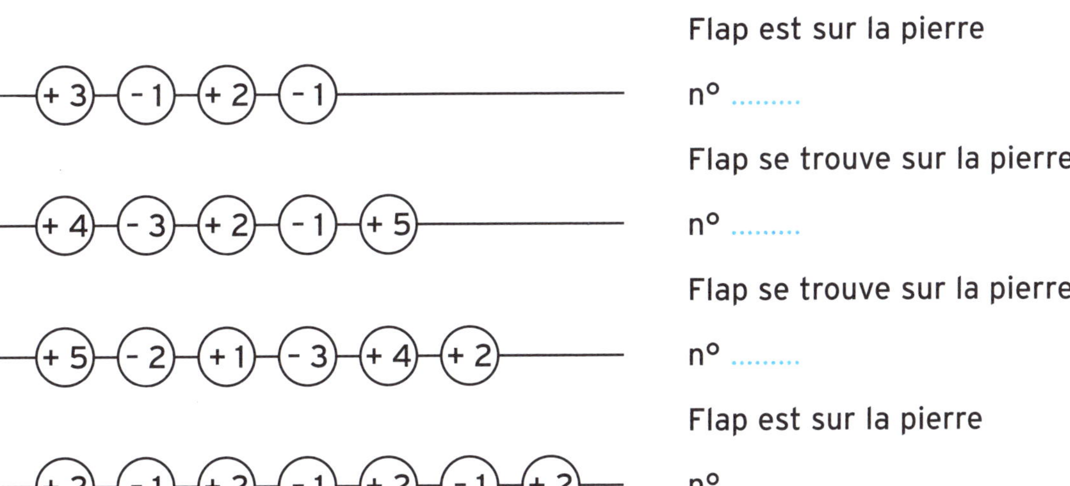

Flap est sur la pierre n° ....

Flap se trouve sur la pierre n° ....

Flap se trouve sur la pierre n° ....

Flap est sur la pierre n° ....

Souriez !

1

Aujourd'hui, le photographe passe à l'école. Pour la photo, les enfants doivent se placer par quatre sur des bancs. Marc, Vanessa, Julie et Tom sont sur le même banc.

Lis les indications sous le dessin, trouve leur place et écris leur prénom au-dessus du banc. Attention, il y a deux possibilités !

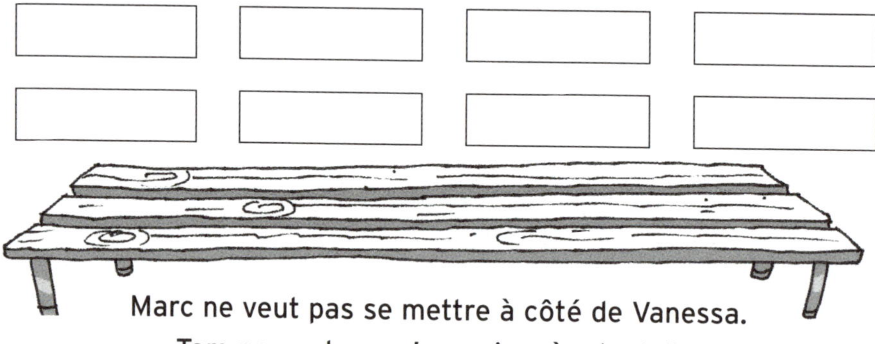

Marc ne veut pas se mettre à côté de Vanessa.
Tom ne veut pas s'asseoir près de Julie.
Les deux filles ne veulent pas se placer côte à côte.

2

Complète les phrases suivantes :

Marc a 9 ans et 3 mois.

Julie a 4 mois de plus que Marc. Donc elle a .... ans et .... mois.

Vanessa a 2 mois de moins que Marc.

Donc, Vanessa a .... ans et .... mois.

Tom a 6 mois de moins que Marc.

Donc, Tom a .... ans et .... mois. Dans 3 mois, il aura .... ans.

Chacun chez soi

Sur le plan ci-dessous, colorie les maisons d'après les renseignements que donne monsieur Duplan.

La maison d'Émilie sera rouge.
La maison de Bruno sera verte.
Celle de Théo sera bleue et celle de Marion sera jaune.
Quand Émilie va cueillir des fleurs, elle prend son vélo et tourne toujours à droite.
Quand Bruno va chez Émilie, il tourne d'abord à gauche puis à droite.
Quand Théo se rend chez Marion, il prend toujours les chemins vers la gauche.

Alors, qui habite près du moulin ? ....

Qui a des vaches dans son pré ? ....

Voisinage

1

Colorie cinq carrés en rouge.
Attention : ils ne doivent se toucher ni par un côté ni par un coin !

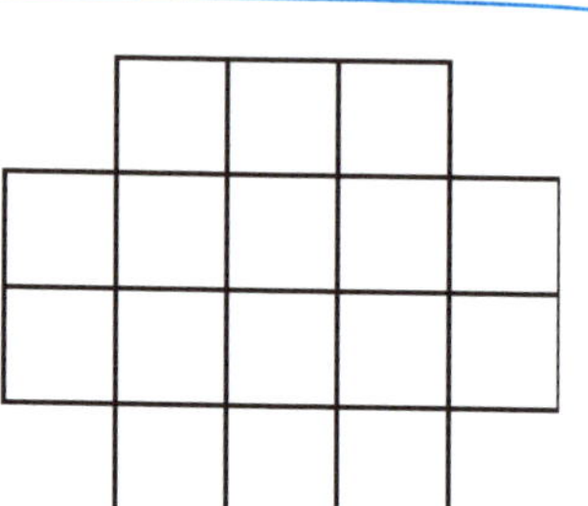

2

Colorie quatre carrés en vert en suivant toujours la même règle.

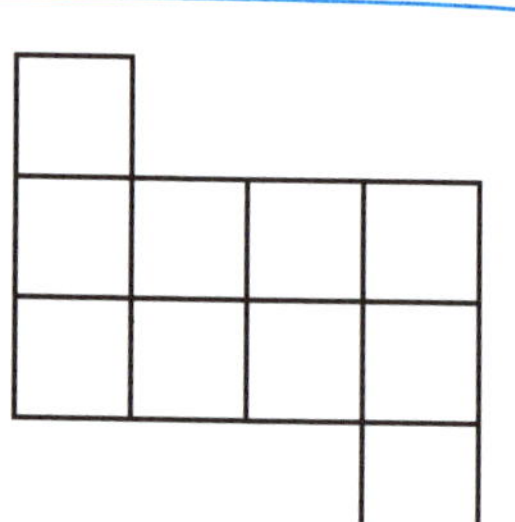

3

Colorie six carrés en jaune.
Attention, respecte bien la règle !

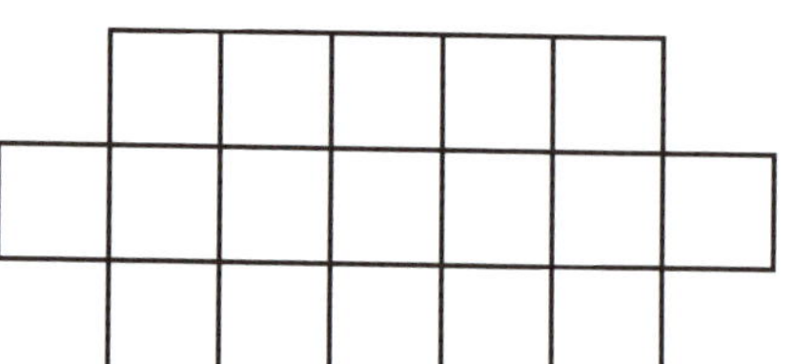

4

Colorie en bleu sept carrés comme pour les cadres précédents.

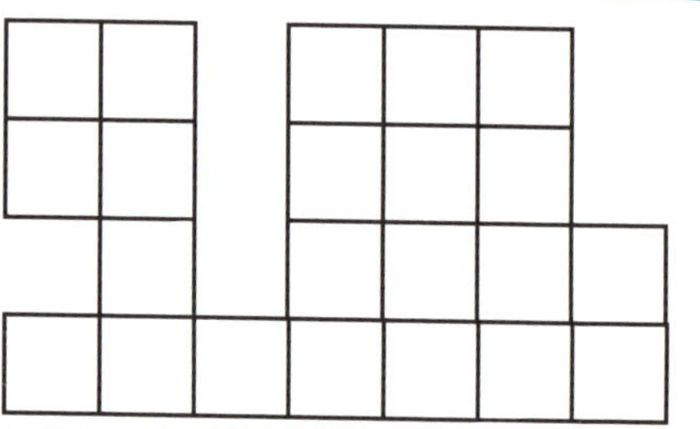

En place !

Cette forme est faite de trois carrés :

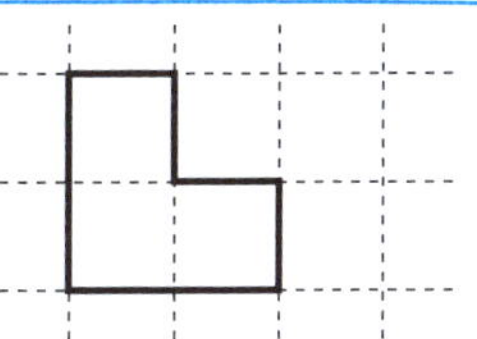

Colorie-la en rouge.

Elle peut prendre quatre positions différentes.
Deux de ces positions sont dessinées dans le cadre suivant.
Dessine les deux autres positions possibles.

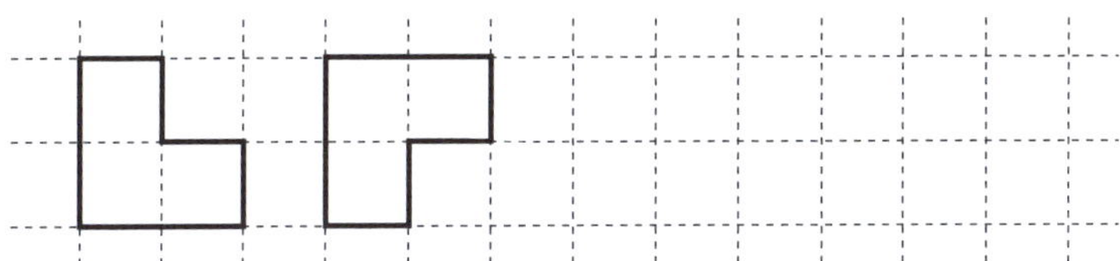

3

Dessine le plus grand nombre de formes rouges dans le quadrillage.
Tu peux orienter les formes comme tu veux, mais elles ne doivent se toucher ni par un côté, ni par un coin. (Essaie d'abord au crayon à papier.)

Combien as-tu placé de formes rouges ? ....

Pas touche !

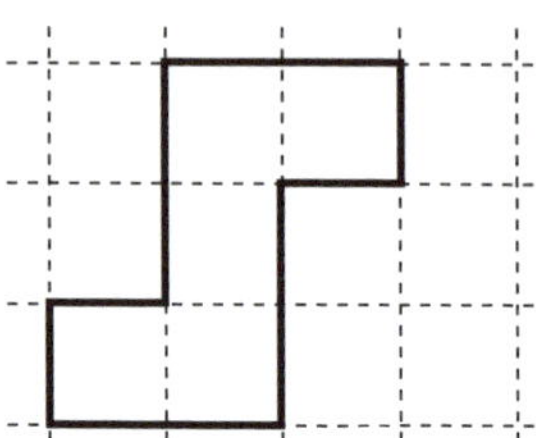

Voici une forme faite de cinq petits carrés :
Colorie-la en vert.

Dans le quadrillage ci-dessous, dessine le plus grand nombre de formes identiques à la forme que tu as coloriée en vert.
(Essaie d'abord au crayon à papier.)
Tu peux orienter les formes comme tu veux, mais sans qu'elles se touchent, ni par un côté, ni par un coin.

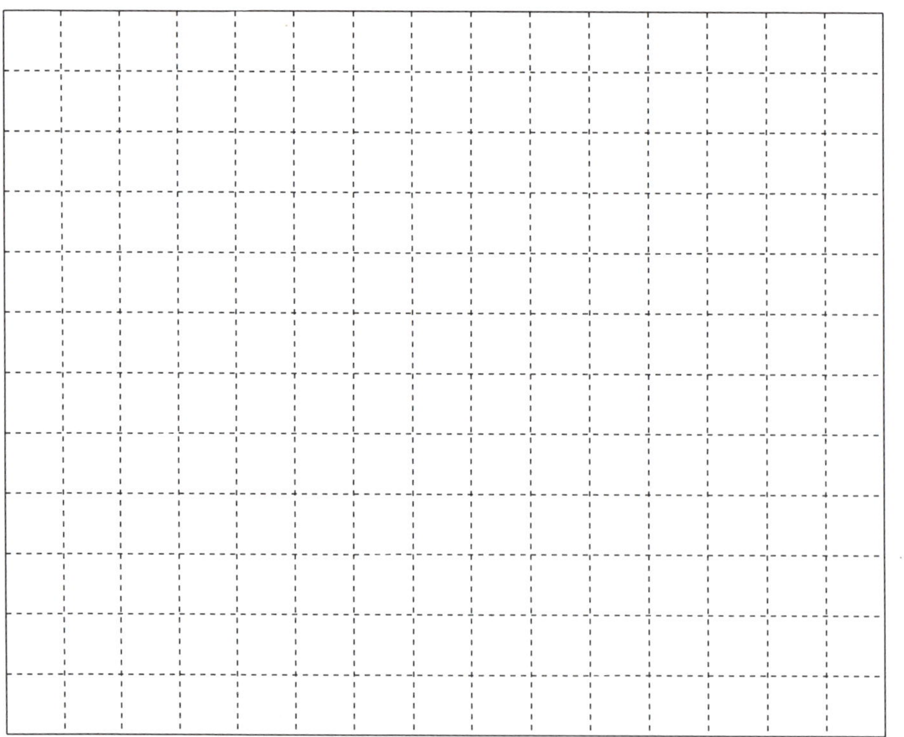

Tu peux colorier les formes que tu as tracées.

Les souris dansent

1

Ce matin, douze souris étaient rassemblées dans le trou ▲ et quinze étaient dans le trou ⯊.
Mais voilà que quatre souris sortent du trou ▲ et entrent dans le trou ⯊. Puis sept souris sortent du trou ⯊ et pénètrent dans le trou ▲.

Combien de souris sont maintenant dans le trou ▲ ? ....

Combien de souris sont donc dans le trou ⯊ ? ....

Colorie des chats en gris pour qu'il y ait deux fois plus de chats blancs que de chats gris.

CORRIGÉS

Pages

4 **1 :** La niche de gauche est celle de Bill ; la niche du milieu est celle de Dick ; et la niche de droite est celle de Sam.
2 : a) Faux ; b) Faux ; c) Vrai.

5 **1 :** En haut à gauche : poisson rouge ; en haut à droite : poisson vert ; en bas à gauche : poisson jaune ; en bas à droite : poisson bleu.
2 : Le poisson bleu pèse 4 kg. Le poisson jaune pèse 8 kg. Le poisson vert pèse 5 kg.
3 : Rouge, jaune, vert ; rouge, jaune, bleu ; rouge, vert, bleu ; jaune, vert, bleu.

6 Julien, Marina, Paul ; Paul, Marina, Julien ; Paul, Julien, Marina ; Marina, Paul, Julien ; Marina, Julien, Paul.

7

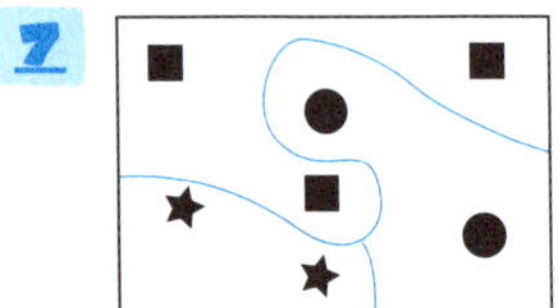

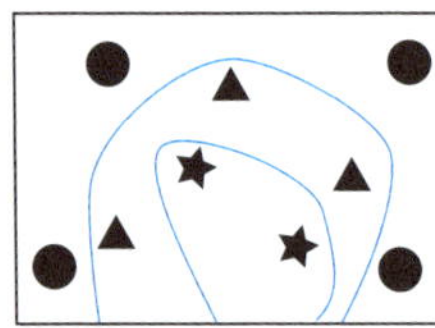

8 **1 :** La 1re planète, à gauche, est jaune ; la 2e est rouge ; la 3e est bleue ; la 4e est verte.
2 : La 1re planète, à gauche, est rouge ; la 2e est verte ; la 3e est jaune ; la 4e est bleue.

9 **1 :** 11.
2 : Construction n° 2.

10 De gauche à droite et de haut en bas, les dessins doivent être numérotés :
7 - 2 - 6 - 4 ; 5 - 8 - 1 - 12 ; 10 - 11 - 3 - 9.

11 **1 :** Feuille n° 1.
2 : Feuille n° 2.

12 **1 :**

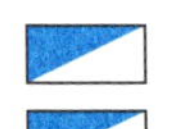

2 :

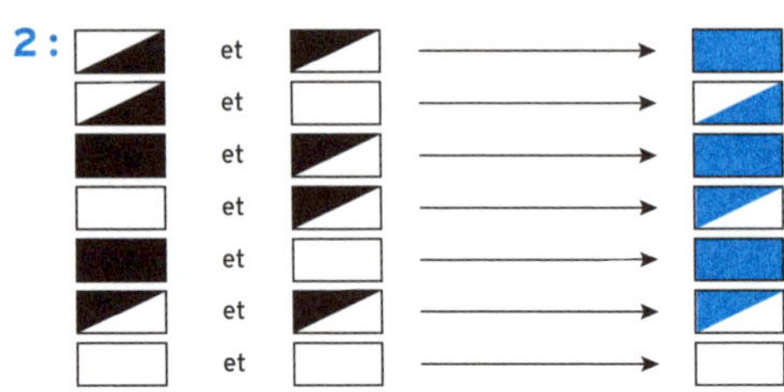

13 **1 :**

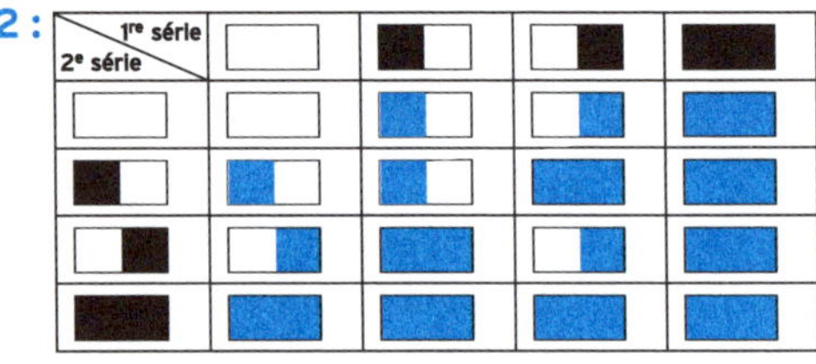

14 **2 :** Fond jaune, étoile bleue.
3 : a) fond vert, étoile jaune ; b) fond vert, étoile bleue ; c) fond bleu, étoile verte.

16 **2 :**

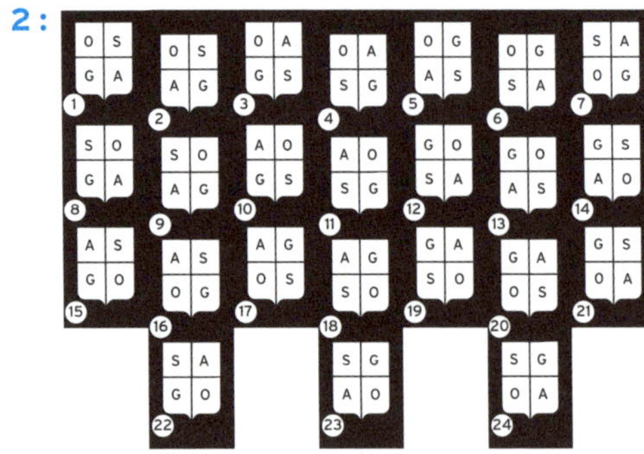

17 **2 :**

18 **2 :**

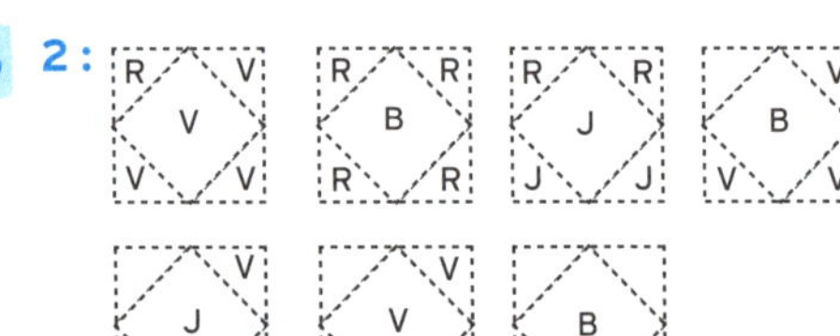

Pages

20 1 : Les deux oiseaux de la ligne n° 1 sont bleus ; ligne n° 2 : rouge à gauche du poteau, jaune à droite ; ligne n° 3 : les trois oiseaux sont jaunes ; ligne n° 4 : l'oiseau est vert.
2 : Il y aurait plus d'oiseaux bleus que d'oiseaux jaunes.

21 1 :
V R / R V

2 :

3 : Entre eux, deux cubes peuvent prendre 2 positions différentes. Un troisième cube peut prendre 3 positions. Donc quatre cubes peuvent se superposer de 6 façons différentes.

22 1 : vanille, fraise, chocolat / fraise, citron, chocolat / vanille, fraise, citron.
2 : vanille, citron / vanille, chocolat / citron, chocolat / vanille, fraise / citron, fraise / chocolat, fraise.

23 citron, vanille, chocolat / citron, vanille, fraise / citron, vanille, pistache / citron, fraise, pistache / citron, chocolat, pistache / citron, chocolat, fraise / vanille, chocolat, fraise / vanille, chocolat, pistache / vanille, fraise, pistache / chocolat, fraise, pistache.

24

papier bleu	ruban rouge	autocollant vert
papier bleu	ruban rouge	autocollant jaune
papier bleu	ruban bleu	autocollant vert
papier bleu	ruban bleu	autocollant jaune
papier jaune	ruban rouge	autocollant jaune
papier jaune	ruban rouge	autocollant vert
papier jaune	ruban bleu	autocollant jaune
papier jaune	ruban bleu	autocollant vert

25 1 : De gauche à droite : Annie, Nacim, Julie, Marc.
2 : a) Julie ; b) Nacim ; c) Nacim ; d) Marc ; e) Personne.

26 1 : 9 cubes ont été utilisés et 5 touchent la table.
2 : 10 cubes ont été utilisés. Non, tous les cubes ne sont pas coloriés : il reste celui du haut. Cette construction a 4 étages.

27 1 : 6 cubes ; 3 étages.
2 : 10 cubes ; 4 étages.
3 : Il faut donc ajouter 4 cubes.
4 : 15 cubes ; 5 cubes ont été ajoutés.
5 : 21 cubes pour 6 étages ; 28 cubes pour 7 étages.

28 1 : 3 étages ; 9 cubes.
2 : 4 étages ; 16 cubes.
3 : 3 étages : 9 cubes ; 4 étages : 16 cubes, soit 7 cubes de plus.
4 : 25 cubes, soit 9 cubes de plus.
5 : 36 cubes pour 6 étages ; 49 cubes pour 7 étages.

29 1 : 9 cubes ; 3 étages ; 2 cubes invisibles.
2 : 16 cubes ; 4 étages ; 3 cubes invisibles.
3 : 25 cubes ; 4 invisibles.

30 1 : Dessin b.
2 :

pyramide	nombre de cubes
1	1
2	5
3	6
4	15

4 : 3 étages. 28 cubes pour 4 étages ; 45 cubes pour 5 étages.

31 2 : Max : a, c ; Paul : b, c ; Nina : c ; Julien : a, b, c ; Emma : e.

32 1 : 15 pions ; 12 pions rouges ; 3 pions jaunes.
2 : 6 pions verts ; 4 pions jaunes.

33 1 : 1 ; 4.
2 : 3.
3 : 4 pions rouges, 4 jaunes, 4 verts et 4 bleus ; 16.
4 : 25 pions pour 5 rangées ; 36 pions pour 6 rangées.

Pages

34 1 : 6 pions jaunes ; 12 pions bleus ; 18 pions verts ; 24 pions supplémentaires.
2 : 16 pions ; 9 pions supplémentaires.

35 6 poignées de mains pour 4 personnes ; 10 pour 5 personnes.

36 1 : 7.
2 : 15.
3 : 1.

37 1 : 4.
2 : 8.
3 : 7.

38 1 : 48.
2 : 11 billes bleues ; il restera 33 billes.

39 a) 42 ; b) 105 ; c) 135.

40 1 : 89.
2 : 9 points par face ; 54 points en tout.

41 Le cube : 150 points ;
le parallélépipède : 178 points.

42 68 pions sont à tracer ; 107 pions en tout.

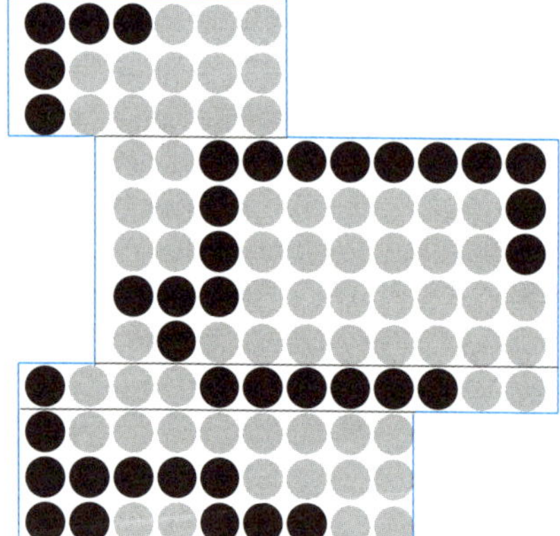

43

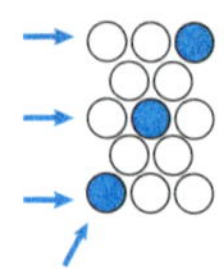

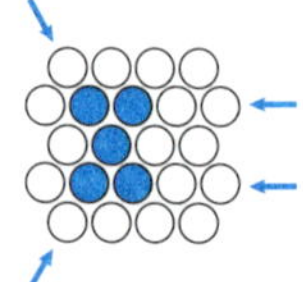

44

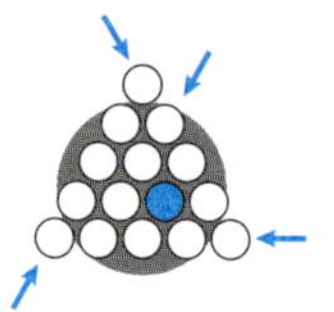

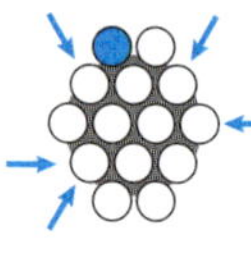

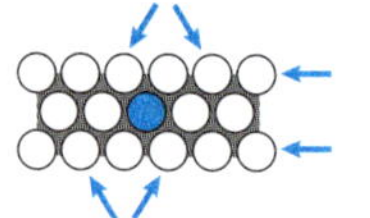

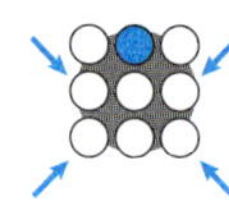

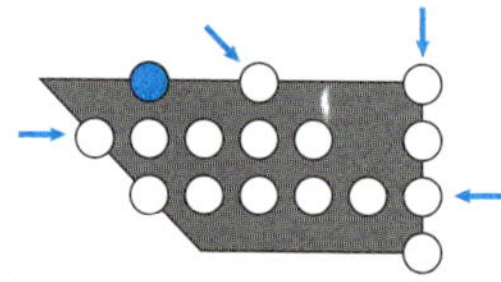

45

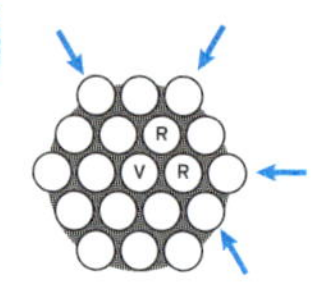

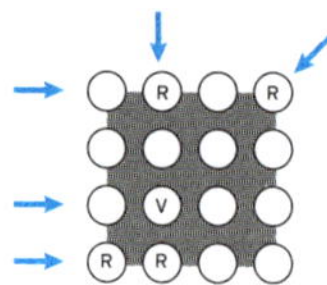

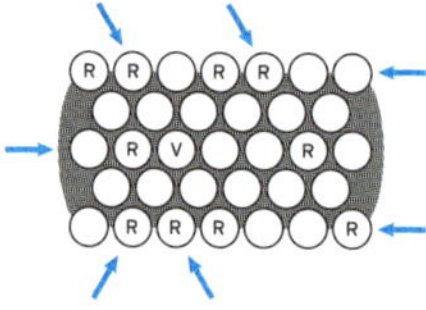

46 De gauche à droite : Léa, Julie, Manon, Sarah.

47

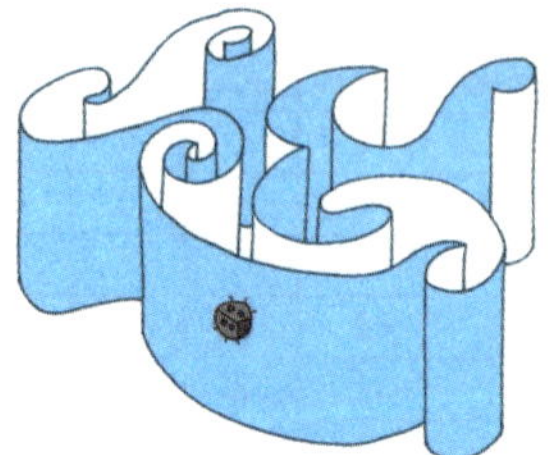

48 1 : De gauche à droite : Alain, Paul, Basile, Luc, Henri.
2 : a) Faux ; b) Vrai ; c) Faux ; d) Vrai ; e) Faux ; f) Vrai.

49

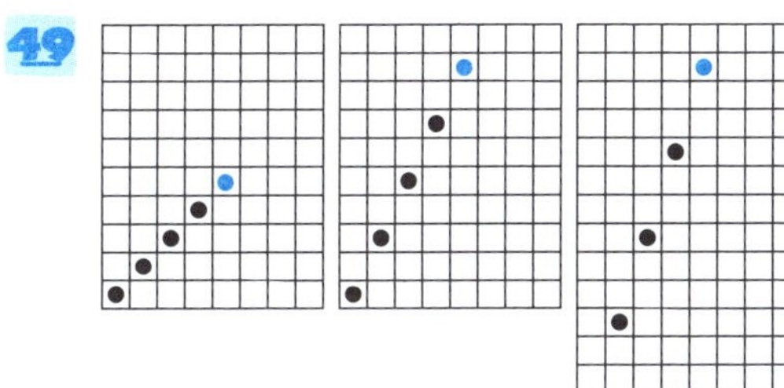

50

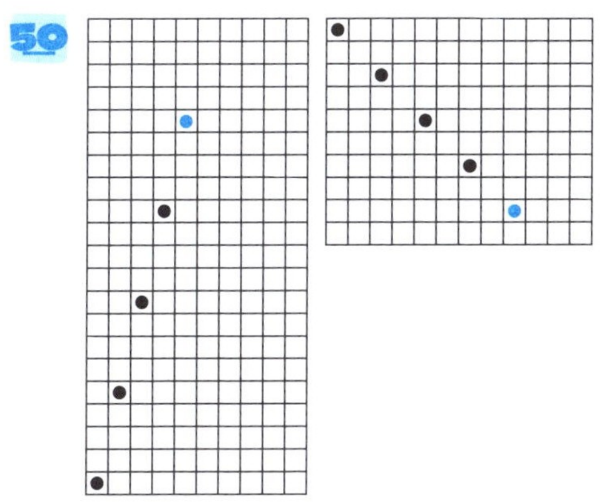

51 1 : Luc franchit 2 ponts. Quand Hélène va chez Cédric et David, elle franchit un pont. Amandine ne franchit aucun pont pour aller chez Hélène.

2 :

	Amandine	Germain	Cédric	Hélène	David	Luc
Amandine		0	1	0	1	2
Germain	0		1	0	1	2
Cédric	1	1		1	2	1
Hélène	0	0	1		1	2
David	1	1	2	1		3
Luc	2	2	1	2	3	

52 1 : 15 ; 15 ; 8 ; 5. Flap fait les mêmes bonds mais dans un ordre différent.
2 : 10 ; A22.

53 Flap est sur la pierre n° 3 ; n° 7 ; n° 7 ; n° 5.

54 1 : De gauche à droite : Julie, Marc, Tom, Vanessa. Ou : Vanessa, Marc, Tom, Julie.
2 : Julie a 9 ans et 7 mois. Vanessa a 9 ans et 1 mois. Tom a 8 ans et 9 mois. Il aura 9 ans.

55

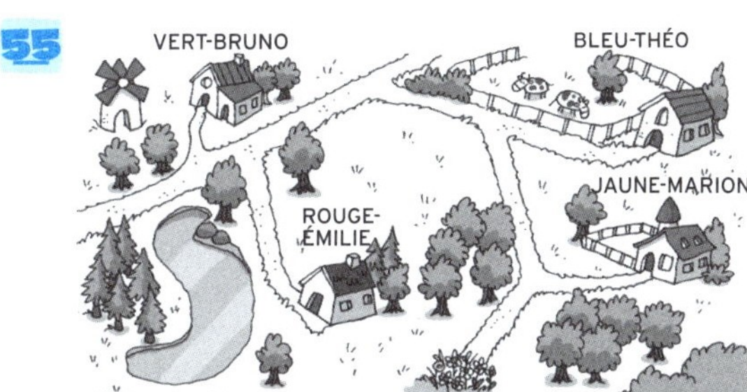

Bruno habite près du moulin.
Théo a des vaches dans son pré.

56 Il existe de nombreuses possibilités.

57 2 :

3 : Il existe de nombreuses possibilités mais on peut placer au moins 10 formes.

58 Il existe de nombreuses possibilités.

59 1 : 12 souris dans le trou ◓ ; 15 souris dans le trou ▲ .
2 : 2 chats gris.

Des jeux pour s'entraîner à raisonner

Présentation

Pour résoudre un problème de logique, il faut être capable de mobiliser certaines compétences :
- comprendre précisément ce qui est demandé ;
- savoir observer, être attentif, se concentrer, être persévérant ;
- appréhender la situation dans sa globalité, puis l'explorer, l'analyser ;
- saisir les liens logiques entre différents éléments, en déduire d'autres ;
- mettre en place des stratégies de recherche ;
- faire preuve d'esprit d'initiative, anticiper, faire des hypothèses, les vérifier ;
- tirer des conclusions.

Cet ouvrage, qui fait suite au « Petit Cahier » *Des jeux pour apprendre à raisonner 6-8 ans*, permet de développer ces différentes compétences. Il a pour objectif d'entraîner les enfants au raisonnement logique dans un contexte ludique.

À l'occasion des nombreuses situations, amusantes et variées, l'enfant aborde les notions de repérage (d'un ordre chronologique, d'objets dans un espace représenté de deux ou trois dimensions et de leurs positions relatives ou repérable dans un système normé comme un quadrillage), de combinaison (de plusieurs éléments, selon plusieurs critères), d'exploration (d'espaces de deux ou trois dimensions en déterminant les délimitations, les constructions et leurs agencements, les quantités d'éléments, les partages égalitaires ou non) et de déduction (en utilisant les connecteurs logiques : et, si, sinon, alors... et les opérateurs : vrai, faux, ajouter, retrancher...).

Conseils d'utilisation

Les jeux de réflexion proposés sont de difficulté croissante. Il est donc conseillé de les effectuer dans l'ordre proposé dans cet ouvrage. Au début du cahier, certaines situations peuvent paraître simples : elles permettent à l'enfant de prendre confiance et le préparent aux situations plus complexes qui sont abordées par la suite. De même, certaines situations sont proposées plusieurs fois, mais dans des formes différentes demandant une réflexion de plus en plus soutenue.

Il existe souvent plusieurs façons de parvenir à la solution. Laissez l'enfant explorer la sienne, permettez-lui de prendre le temps de tâtonner, d'expérimenter, de faire des erreurs, de recommencer. Veillez, cependant, à ne pas laisser la lassitude ou le découragement s'installer et sachez relancer la recherche et l'intérêt par une aide appropriée, en lui montrant un élément qu'il n'a pas pris en compte ou en lui proposant une nouvelle piste de réflexion.

Les activités proposées dans ce « Petit cahier » ont été testées auprès d'enfants qui ont éprouvé un grand plaisir à les réaliser. Il est important qu'elles soient considérées comme un jeu à faire avec l'enfant, et non comme un exercice obligatoire.

Direction éditoriale : Sylvie Cuchin
Édition : Céline Lorcher
Création de maquette : Sarbacane
Mise en page : LaserGraphie
N° de projet : 10137877 - Dépôt légal : mars 2007
Achevé d'imprimer en France sur les presses de la Nouvelle Imprimerie Laballery
à Clamecy (58) - N° d' impression : 701150